운을 경영하라

운을

9가지 성격별
운명전환 성공법

수희향
지음

경영하라

ℕ 더난출판

성격이 운명이다

주역에서는 한 사람의 운명이 활짝 피려면 개인과 천지인 간의 균형이 조화를 이루어야 한다고 한다. 천(天)은 하늘의 때, 즉 내가 속한 시간대의 흐름을 잘 파악해 그 흐름에 편승하고, 지(地)는 땅, 내가 속한 공간에서 무슨 일이 벌어지는지를 신중히 살피고, 인(人)은 사람, 즉 내가 시공을 함께하는 주변 사람들과 조화를 이룰 때 비로소 한 사람의 운명이 가장 밝게 빛난다는 것이다.

현재 한국사회가 처한 시간대와 공간 상황을 살펴보면, 글로벌 저성장과 고령화, 그리고 북한과의 불안한 관계, 국내 사회 불안, 경기 침체 등으로 사회 전체가 점점 더 힘들어지고 있다. 컴퓨터가 아니라 인생을 리셋하고 싶다는 사람들이 늘고 있는 이유다. 도대체 이런 상황에서도 한 개인이 천지인과 조화를 이룰 수 있을까.

주역에서는 그에 대한 해답으로 위기 속에는 늘 기회가 숨어드니 위기가 닥쳤을 때는 절대 맞서지 말라고 이른다. 위기란 맞서면 맞설수록 점점 더 깊은 수렁으로 끌려 들어가는 법이라고. 대신 몸을 낮춰 회오리바람 한가운데 고요히 거하며 다음 살길을 모색하라고 한다. 지난 수십 년간 우리는 눈부신 그러나 양적 일변도의 경제성장에 힘입어 평생고용이 보장되는 경제구조 속에서 살아왔다. 좋은 대학에 진학해 좋은 직장에 취직하는 것이 대부분의 인생목표였다. 그런 구조 속에서 개인의 주체성은 골치 아픔이요 창의성은 몇몇 예술가에게나 해당되는 단어였을 뿐, 대부분 한국인은 그저 수직적 명령하달 식의 경제구조에서 철저히 기능 좋은 부속품이 됨으로써 일생이 안전했다.

그러나 인간을 하나의 부속품으로 취급하던 대량생산의 산업혁명 시대는 저물었다. 디지털 혁명으로 대변되는 자본주의 4.0 시대에는 사람들이 컴퓨터나 인공지능과 일자리를 놓고 경쟁하며 수많은 전통적인 직업은 사라질 것이라고 전망한다. 이제 사람들이 살아갈 방법은 가장 인간적인 것을 앞세운 길밖에 남지 않았다고 경고한다. 즉 이전 사회는 튀면 안 되는 다수의 화이트칼라 중산층을 양산하는 사회였다면, 지금부터는 자기 개성을 살리지 못하면 살아남지 못하는 양극화 시대가 심화하는 쪽으로 패러다임이 바뀌고 있다. 달리 표현하자면, 굴뚝산업이 주를 이루던 이전 세대에는 비록 조직의 부속품이었을망정 어느 정도 개인의 안전은 보장되는 삶이었다. 하지만 지금부터는 대부분 사람이 계약직 프리랜서로 살아가며 이전보다는 자유를 누리는 대신 철저히 자기 스스로 책임져야 하는 삶이 시작된 것이다.

그렇다면 컴퓨터와 경쟁해도 이길 수 있고, 영화 속에서나 보던 SF 시대가 도래해도 살아남을 수 있는 자기 개성화란 과연 어떤 의미일까? 21세기 대한민국은 분명 지금까지와는 다른 전략으로 살아가야 함이 분명하니 최소한 어떻게 해야 살아남을 수 있는지는 정확히 알아야 할 것 같다.

프로이트의 제자에서 시작하여 심리학 최초로 인간 유형론 체계를 완성한 분석심리학의 대가인 칼 구스타프 융 박사(1875~1961)에 의하면 개성화란 각 사람이 지닌 고유한 기질을 잘 파악하여 개인별 성격적 약점은 달래주고 장점은 극대화하는 것이라고 한다. 즉 내가 사과나무인지 오렌지 나무인지를 잘 파악하여, 사과나무이면 건강한 사과를, 오렌지 나무이면 건강한 오렌지를 맺으며 살아가는 것이 최고로 개성을 발휘하며 사는 삶이라는 것이다.

얼핏 지극히 당연해서 매우 간단해 보이기도 한다. 하지만 한 걸음 물러나 생각해보면 지금까지 한국사회는 학교나 사회 그 어떤 곳에서도 내가 무슨 나무인지, 어떤 열매를 맺고 싶은지 물어봐준 적이 없었다. 그저 세상에서 망고나무가 유행할 때는 망고열매를 맺으라 하고 그 유행이 지나 파파야 열매가 유행할 때는 파파야 열매를 맺으라고 강요할 뿐이었다. 그러다 보니 대개 우리는 어느새 내가 과연 사과나무였는지 오렌지 나무였는지조차 잊어버린 채 산다. 그러면서 점차 개성은 무뎌져 건강한 사과는커녕 나무의 생명력까지 푸석푸석해지거나, 자칫 돌보지 않은 치명적 단점이 안쪽에서 곪아 터져 급기야는 뒤틀린 사과 열매를 맺기도 했다.

하지만 시대적으로 외부에서 답을 주며 개인의 삶을 안전하게 보장하던 패러다임은 조용히 그러나 급속도로 막을 내리고 있다. 지금까지는 먹고살기 위해 어쩔 수 없었지만, 앞으로 펼쳐지는 자본주의 4.0 시대에는 오히려 이런 체제순응적인 무개성적 태도야말로 한 개인의 삶을 지극히 위험에 빠뜨릴 가능성이 매우 크다. 그러므로 우리가 살아가는 시간대와 공간이 어느 때보다 혼란하고 불안한 위기의 한가운데서, 이 위기 속 기회는 단 하나, 지금까지 외부에서 주입된 내 안의 낡은 운명을 타파하고 더는 내 인생을 운명에 맡기지 않고 내 힘으로 자기 개성화를 이루어 운명을 전환하는 일뿐이다.

어떻게 하면 자기 개성화를 실현하여 운명전환에 성공할 수 있을까? 이에 대해 세계적인 신화학자인 조지프 캠벨(1904~1987)이 답을 내놓았다. 캠벨은 현재 한국 상황과 비슷한 1930년대 미국 대공황시대에 일자리를 구할 수 없어 우드스톡이란 숲속에 작은 오두막을 짓고 5년간 독학으로 동서고금 전 세계 신화를 연구하여 마침내 평범한 비교종교학자에서 세계적인 신화학자로의 대변신에 성공한 인물이다. 그리고 그가 전 세계 신화를 연구하여 발견한 것이 다름 아닌 평범한 한 사람이 자기 개성화를 이루며 운명을 전환하는 3단계 여정으로, 변화의 필요성을 각성하고 받아들이는 '입문', 그동안 낡은 습성을 타파하는 '심연 통과' 그리고 새로운 삶으로 다시 태어나는 '재탄생' 과정을 거치면 누구라도 운명을 전환할 수 있다고 한다.

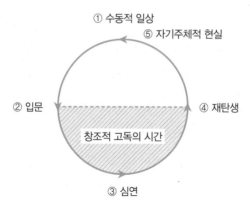

운명을 전환하는 3단계 여정

다만 이 여정을 떠날 때 한 가지 유의할 점이 있으니, 칼 구스타프 융 박사에 의하면 사람들은 저마다 성격유형에 따라 운명을 활짝 펼치는 필살기와 위기에 몰아넣는 아킬레스건이 다르다고 한다(융은 우월기능과 열등기능이란 용어를 사용했다). 즉 성격이야말로 한 개인의 삶에서 인생의 쓴맛, 단맛을 내는 가장 중요한 원인이 되는 셈이다. 그러므로 사람은 누구나 운명전환 3단계 여정을 거치면 그간의 낡은 운명을 타파하고 새로운 운명으로 전환할 수 있지만, 다만 그 여정의 성공과 실패요인은 각자 성격에 따라 다르다는 의미다.

우리가 지금부터 살아가야 할 시대는 더 이상 외부에서 개인에게 답을 주는 시대가 아니다. 반대로 이제는 개인이 철저히 자신 안에서 자신만의 장점은 계발하고 단점은 보완하며 각자 개성을 자산으로 삼아 살아가야 한다. 하지만 지금까지 주입식 교육과 수동적으로 삶을 대하는 태도가 뼛속까지 물든 우리에게는 한순간 잃어버린 나를 찾고 주체적으로 내 살길을 모색하는 것이 결코 쉬운 일만은 아니다. 그러나 캠벨에 의하면 동서고금 전 세계 모든 이들에게 통용된 운명전환 방법이 있다. 바로 '입문-심연 통과-재탄생' 3단계 여정을 거치면 낡은 운명을 타파하고 새로이 태어날 수 있다는 것이다. 다만 이 여정을 떠나기 전 단단히 유의해야 할 점은 사람은 저마다 각자 성향에 따라 운명전환에 성공할지, 실패할지를 결정하는 성격적 필살기와 아킬레스건이 다르다는 융의 충고에 따라, 여정을 떠나기 전 각자 성격 유형에 따른 필살기와 아킬레스건은 반드시 파악하고 떠나야겠다. 지피지기 백전백승이니 말이다.

이 책의 1부에서는 동서고금 그 누구라도 가능했던 운명전환 3단계 여정이 어떤 길인지와 2부에선 각자 성격에 따른 9가지 다른 운명전환 여정과 운명전환에 성공하기 위한 성격적 필살기와 조심해야 할 아킬레스건이 무엇인지를 소개한다. 우리도 모르게 이미 성격이 운명인

시대가 시작되고 있으니, 지금부턴 내 운명, 내가 바꾸는 것이다. 컴퓨터에 의해 내 삶이 완전히 리셋되기 전에 말이다.

2017년 2월
수희향

차례

2부

유형별 운명전환 성공법

1부

3단계

운명전환

여정

01

입문, 위기 속 기회 찾기

세계적인 신화학자 조지프 캠벨은 동서고금 모든 신화를 연구해 사람들 누구나 '입문—심연 통과—재탄생' 3단계를 거치며 개성화를 이루면 자기 주체적으로 운명을 전환할 수 있다는 사실을 밝혀냈다. 이 여정의 시작은 우연처럼 찾아오지만, 그 기회를 포착한 이들에게는 남은 생을 뒤바꿔놓는 필연이 된다. 그러나 캠벨은 사람에 따라서는 한 번의 우연한 사건 속에서 기회를 포착해 자발적으로 운명전환에 뛰어드는 이들이 있는가 하면, 수많은 사건이 쌓이고 쌓여 끝내는 위기와 불행이라는 막다른 골목에 몰려서야 비로소 운명전환을 받아들이는 경우도 있다고 말한다.

남은 인생을 주체적으로 살아갈 수 있는 일생일대의 기회가 내 앞에 다가왔을 때, 누군가는 한 번에 그 기회를 낚아채지만 또 누군가는 그러지 못하고 계속 다음 기회로 미루는 이유가 뭘까? 캠벨은 그 이유로서 운명을 전환하기 위해서는 지금까지 내가 살아온 방식을 바꾸거나, 보고 싶지 않거나 드러내고 싶지 않았던 내 치부를 마주해야 하는 과정을 거쳐야 하기 때문이라고 주장한다. 마치 어린 시절 방학숙제를 미루고 미루다 개학 전날 밤새워 하는 것처럼, 자기충족감이나 행복을 느끼진 않더라도 현실이 안정적으로 흘러갈 때는 '인생이 이게 전부가 아닌데' 하는 조금은 찜찜한 마음이 들더라도 개학 전날이라는 막다른 골목에 몰리기 전까지는 쉽사리 운명전환에 뛰어들지 않는 경우가 많다.

우리 대부분은 성인기에 들어설 때 제 뜻대로 운명을 선택하기보다는 처음에는 부모님의 기대에서 시작해 차츰차츰 사회가 요구하는 인간상에 나를 맞추며 외부와 타협하며 살아간다. 그러다 보니 이러한 과정들이 반복되면서 나도 모르는 사이 내 인생에서 진짜 나는 사라지고 어느새 사회와 타협하는 나만 남는다. 우리가 바쁜 일상에서 한 번씩 문득문득 공허해지거나 정도가 심하면 생

운을 경영하라

명력이 소진되어 일상이 무기력해지는 이유다. 하지만 다행인지, 불행인지 캠벨에 의하면 진짜 나는 사라지거나 없어지는 것이 아니라 내 안 깊숙이 꾹꾹 눌려 있다가 더 이상 참을 수 없는 지경에 이르면 그 모습을 드러내는데, 처음에는 아주 사소한 우연의 모습으로 찾아온다고 한다.

그러나 사람들은 세상에 나를 맞추기 위해 바쁜 일상을 보내느라, 우연을 가장해 찾아온 소소한 첫 목소리에 귀 기울이는 경우가 극히 드물다. 오히려 반대로 첫 만남부터 어딘가 낯설고 불편한 일을 경험해야 할 것 같은 예감에 저 멀리 회피하는 경우도 많다. 하지만 한 번 깨어난 진짜 나는 절대 사라지지 않고 자꾸만 사회와 타협하는 나를 흔들어 깨우기 시작한다. 그리하여 누군가는 어느 순간부터 진짜 내 목소리에 귀 기울여 자발적으로 운명전환 여정에 뛰어들기도 한다. 한편 끝끝내 자발적으로 뛰어들지 못하는 많은 이들은 사회에 억지로 나를 맞추며 발생하는 크고 작은 위기나 불행에 부닥치며 막다른 골목으로 자신을 몰고 가기도 한다. 마치 이번이 인생에서 주체성을 회복하는 인생과제를 풀 수 있는 마지막 기회인 것처럼 말이다.

모든 길이 막혔다고 여기는 순간 길이 열린다

누구나 살면서 한 번쯤은 인생에서 탈출구가 보이지 않을 정도로 큰 위기나 불행을 경험한다. 그렇다고 마냥 두려워하며 그 자리에 주저앉을 필요는 없다. 사람은 누구나 이제는 모든 길이 막혔다고 여기는 바로 그 순간, 시선을 돌려 진짜 내 운명에 눈뜨기도 하는 존재다. 이때부터 진짜 자기의 삶을 찾아 운명전환 여정에 오르기도 한다. 인류 역사상 가장 막다른 골목에서, 가장 극적인 운명전환을 이룬 이가 있다. 바로 서양 근대 합리주의 철학자의 아버지라 불리는 스피노자다.

스피노자(1632~1677)는 네덜란드가 국가적으로 가장 번성했던 17세기 암스테르담에 살던 유대인이다. 어릴 때부터 학문에 대한 남다른 열의와 총명함으로 인해 유대교 랍비들의 기대를 한 몸에 받으며 랍비로서의 길을 준비 중이었다. 하지만 랍비 수업을 받던 중 신의 존재 유무에 대해 질문을 던지면서 랍비들을 곤혹스럽게 하기도 했다. 이때부터 스피노자는 랍비라기보다는 철학가의 면모를 보여주기 시작했다. 어느 날, 마치 그의 운명을 바로잡으려는 듯한 일이 벌어진다. 다름 아닌 집안 사업이 기울어 더 이상 랍비가 되는 공부를 계속할 수 없게 된 것이다.

학문에 대한 열정을 멈출 수 없었던 그는 집안 사업을 도우면서 그 당시 유럽에서도 가장 진보적인 사상이 넘쳐 흐르는 암스테르담 서점을 찾아다니며 혼자 공부를 이어 간다.

서점에서 그가 만나게 된 사상은 당대 유럽에서도 가장 진보적이었던 "나는 생각한다, 고로 나는 존재한다"로 유명한 근대 합리주의 철학의 시초인 데카르트 철학이었다. 이 사상은 유대교 사회에서는 무신론으로 금기시하던 학문이었다. 하지만 스피노자는 그 사상이야말로 그동안 랍비들이 대답해줄 수 없었던 본질을 향한 자신의 물음에 대한 답이라는 사실을 깨닫고 더욱더 매료된다. 그리고 짧은 시간 내에 데카르트 철학사상의 연구자로 소문이 나기 시작한다. 그때까지는 나름 랍비들의 눈에 띄지 않게 지하세계에서만 활동하던 스피노자는 급기야는 유대교 랍비들의 호출을 받고 철학사상을 고수하려면 유대 사회로부터 파문을 감수해야 하는 인생 최대의 갈림길에 선다.

파문. 당대 유대사회로부터 파문을 당하면 가족들과 함께 살 수 없는 것은 물론이고 밥 한 끼도 같이 먹을 수 없었다. 심지어 유대인 누군가가 스피노자를 죽여도 아무 죄가 되지 않는 어떤 면에서는 사형보다 더 끔찍한 형

벌이었다. 지금까지 한 가족의 장남으로서, 기우는 집안을 도우며 묵묵히 자신의 책무를 다하던 스피노자는 자신 앞에 놓인 인생 최대의 갈림길에서 결연히 자신의 의지대로 철학가로서의 삶을 선택하고 유대교 사회의 파문을 받아들인다. 현대 서구철학자로서 노벨 문학상까지 받은 버트런트 러셀은 이 사건을 두고, 서구 철학역사상 윤리적으로 가장 고결한 철학자가 탄생하는 순간이라고 했다. 하지만 스피노자가 파문을 받아들인 그때만 해도 해도 아무도 이 사건의 중요성을 알지 못했다. 심지어 스피노자, 그 자신까지도.

이처럼 스피노자가 진정 자신이 원하는 삶을 찾아, 그때까지 날들을 뒤로하고 새로운 길, 변화의 길로 결연히 걸어 들어가는 것이 바로 운명전환 여정의 첫 단계인 '입문'이다. 그러므로 캠벨은 운명전환 여정에 입문하기 위해서는 무엇보다 먼저 세상에 이끌려 늘 사회와 타협하는 것이 아니라, 자기 안에서 남은 생을 이끌어갈 천복을 찾고, 그 천복을 현실에서 시도하고자 하는 결연한 의지와 단호한 결단력이 가장 중요한 요소라고 한다.

내 안의 목소리에 귀 기울여라

그렇다면 어떻게 해야 천복을 찾을 수 있을까. 천복을 찾기만 한다면, 나 또한 의연히 새로운 삶으로 들어설 수 있을 것 같은데 말이다. 이에 대한 답으로 캠벨은 가슴이 말해준다고 한다. 무엇보다 먼저 자신 안에서 나오는, 어린 시절부터 작게 들려온 그 목소리에 이제는 귀 기울여주라고 말이다. 그러나 그 목소리는 너무 오랜 세월 마음속 깊이에만 묻어두고 들어주지 않아서 어쩌면 처음에는 너무 희미해 잘 들리지 않을 수도 있다. 더군다나 현대인들이 내 안의 목소리에 귀 기울이기에는, 세상에는 내 인생의 주권을 외부에 내어주게 하는 너무도 많은 일과 유혹들이 있다. 따라서 가능한 한 하루 중 고요히 홀로 있을 수 있는 시간과 장소를 선택해 외부로부터 모든 것들을 차단하고 오직 명상하듯 자신의 이야기에 귀 기울여야 한다. 그러다 보면 처음에는 온갖 잡념과 사념들이 나를 또다시 어지러이 이리저리 끌어당기겠지만, 고요함을 조금씩 음미할 수 있으면 있을수록, 점차 내면의 진짜 내 이야기를 들을 수 있다. 바로 그곳에서, 내가 사과나무인지 오렌지나무인지를 알게 해주는, 내가 이 세상에 태어난 가장 존귀한 이유인 나만의 천복 이야기가 시작된다.

사실 천복이란 오랜 세월을 두고 우리 곁에 우연을 가장하고 늘 찾아오던 이였기에, 한 번 그 실체와 만나면 마치 사랑하는 이를 만났을 때처럼 마음이 끌리고, 자꾸 떠오르며 그 생각을 쉽게 떨칠 수 없다. 그러면서 한편으로는 천복의 길을 가기에는 현실적으로 이런저런 어려움과 장해물들이 떠오르며 이래도 너만의 길을 떠날 것인지 시험하듯 하지만, 그럼에도 이젠 더는 뒤로 미룰 수 없다, 살면서 한번은 시도해보고 싶다 여겨지는 그 끌림, 그것이 바로 천복이다. 캠벨은 사람들 모두 우리 안에 각자의 천복을 지녔고, 어쩌면 천복이야말로 우리가 태어난 존재 이유와도 같으니 다소 시간이 걸리더라도 내면과의 고요한 만남을 계속 이어가면 누구라도 자신만의 고유한 천복을 깨달을 수 있다고 한다. 그렇듯 천복은 아주 오래전부터 바로 그곳에서 우리가 발견해주기를 기다리는 우리 자신의 참다운 실체다.

가장 나답게 사는 길

현대 한국사회를 바라보면, 천복을 찾는 일에서는 기질에 따른 차이도 있지만, 그보다는 세대에 따라, 그중에서도 남성세대들 간에 훨씬 더 큰 차이를 보이는 경향이 있다. 예를 들면, 우리나라 경제발전과 민주화를 이끈 가장 중심동력인 386세대와 그 이전 세대들 중 특히 남성들은 사회 전체가 하나의 집단처럼 수직 명령체계의 문화 속에서 다 같이 양적인 경제성장을 위해 앞으로만 달리고 또 달린 세대로서 내면의 목소리나 진짜 자기 삶 같은 일들에는 관심을 기울일 필요도, 시간도 없었다고 해도 과언이 아니다. 그런 만큼 이들 중 대다수가 이젠 평생고용이 아닌 명퇴라는, 그들이 청춘을 다 바쳐 회사를 위해 일할 때는 상상할 수 없었던 현실 앞에서 가장 당혹스러운 집단이 되었다. 그들 앞에 펼쳐진 고령화 시대라는 길고 긴 제2의 인생을 어디서부터 어떻게 다시 시작해야 할지 가장 난감해한다.

그에 비해 현재 30대는 남녀불문 하고 단군 이래 한국인으로서는 가장 자기 주체성이 강한 세대로 여겨지는데, 확실히 우리보다는 나를 중심으로 생각하는 성향이 강하다. 게다가 앞세대들에 비해서는 경제적으로나 문화적으로 풍요로운 디지털 자본주의의 울타리 안에서 성장하면서, 한국사회라는 공동체적 틀로부터도 가장 자유롭고 유연하다. 이들 세대는 그 어떤 세대보다 자신이 중심이 되어 스스로 운명을 이끌고 만들어가는 것에 대한 관심도 열정도 크다. 단 한 가지 이들에게 가장 큰 고민은 그 누구로부터도 벤치마킹할 뚜렷한 사례가 많지 않다는 점이다. 아무리 상대적으로 가장 유연한 사고와 열정을 지녔다고는 하지만, 이들 세대 역시 지금까지 받은 교육과는 달리 자신의 운명을 자신의 힘으로 설계하고 채워간다는 것이 그리 만만한 일은 아니기 때문이다. 그럼에도 위에서 설명한 세대들과는 비교도 되지 않을 만큼 자신들의 목소리를 적극적으로 들으며 운명전환 여정에 입문하는 데 주저함이 없다.

진정 흥미로운 모습을 보여주는 건 이 두 세대 사이에 끼어 있는 40대 초중반의 X세대다. 이들 세대는 마음으로는 누구나 자신들이 30대 청춘 세대에 가깝다고 하지만, 정작 인생에서 큰일을 결정해야 할 때는 앞선 세대들이 어떤 길을 선택하고 걸어갔는지를 살펴보고 대개는 선배들이 걸어간 길을 (때로는 그 길이 답이 아니라고 생각하면서도) 그대로 답습하는 경향을 보여준다. 결단력이란 면에서는 386세대나 30대 청춘 세대들과 비교할 때, 가장 나약한 낀 세대의 면모를 유감없이 보여준다. 그럼에도 자기 개성화를 이루어 운명을 전환해야 한다는 새로운 패러다임에 대해서는 선배 세대들보다 훨씬 더 공감하며 더욱 세련되고 부드러운 방식으로 자신들의 목소리를 들으며 각자의 천복을 찾으려 한다. 비록 입문에 뛰어들기까지 여러 번의 시도가 필요하지만, 최소한 이들의 마음은 선배 세대들처럼 굳어 있지는 않기 때문이다.

이처럼 한국사회는 자신 안에서 천복을 찾고, 천복을 길잡이 삼아 운명전환 여정을 떠나는 일에서 세대별로 극명한 차이를 보여준다. 하지만 아직 사회적으로 큰 흐름을 만들어내지는 않지만, 사실 소리 없이 수면 아래서 가장 크게 움직이는 집단은 바로 여성들이다. 여성들은 사실 그 어떤 세대를 막론하고 자기 주체적 삶을 살아가기 위해선 늘 출산과 육아라는, 경제나 문화적인 이유보다 훨씬 더 뿌리 깊고 복잡한 난제를 넘어서지 않으면 안 되는 이들이다. 그럼에도 경제불황과 맞물려 현재 한국의 여성들은 더 이상 자신의 운명을 가족 전체를 위해 희생하는 것에 강력히 거부한다. 여성들이 지금보다 훨씬 더 주체적으로 자신의 운명을 만들어가기 시작할 때, 과연 그 영향이 한국사회 전반에 어떤 파문을 몰고 올지는 사실 그 누구도 예측하기 어렵다. 그러나 한 가지 매우 분명한 건, 운명전환 여정에 뛰어드는 데 현대 한국여성들의 경우는 주저함도 망설임도 없다는 사실이다. 더불어 지금까지 남성들과 비교해 사회적으로 좁은 선택의 길에 몰렸기 때문인지 여성들은 남성들보다 자기 안의 이야기를 들으며 천복을 찾는 데 훨씬 더 부드럽지만 강한 결단력을 보여준다. 미래사회에서 여성들이 어떤 운명을 펼쳐낼지 참으로 궁금하고 기대가 되는 이유다.

한국사회는 지금 자기 개성화를 이루며 운명전환을 하지 않으면 점점 더 중산층에 머물기도 어려운 패러다임이 급속히 진행되는 추세다. 하지만 거시적 위기가 모든 개인에게 꼭 위기일 필요는 없다. 지금까지는 한국사회가 숨 가쁘게 경제성장을 이뤄오느라 개인들은 큰 그림의 부속품으로만 살아왔다면, 지금의 위기 속에서 우린 최소한 자신을 돌아보고 그 속에서 진짜 내가 원하는 삶을 무엇인지를 헤아릴 수 있게 되었다. 그런 만큼, 이 책 2부에서는 사람들의 유형에 따라 9가지 다른 천복 찾기 실마리를 찾아보며, 어떻게 하면 우리 모두 각자 성향에 맞게 천복 찾기를 하며 운명전환 여정에 입문할 수 있을지를 살펴본다. 즉 위기 속 기회 찾기다. 캠벨의 말처럼 우리 또한 지금은 알 수 없지만, 가장 나답게 사는 미래를 향해 운명의 흐름을 전환해보자. 세계 최고의 철학자가 된 스피노자가 파문 당시 자신의 삶이 어디로 펼쳐질지 몰랐듯이, 우리의 삶 또한 어떻게 변할지는 아무도 모를 일이다.

캠벨에 의하면 심연이란 새로 태어나기 위해 세상으로
부터 잠시 한 걸음 물러나 한비탕 자기와의 치열한 싸움
을 벌이는 격전의 시간이다. 그런 만큼 이 시간은 진한 고
독의 시간이자 어둠의 시간이지만, 이 어둠은 곧 다가올
새벽녘의 푸른 빛을 품은 어둠이다. 이 고독의 시간은 나
의 천복이 새로운 운명 속에 움트고, 뿌리내리고 숙성하
며 자신도 모르는 사이에 한 사람의 삶이 그간의 낡은 운
명을 벗어 던지고 새로운 삶을 향해 전환케 하는 창조적
어둠이기도 하다. 심연을 거친다는 것은 운명전환 3단계
여정 중 가장 치열하기도 하고, 가장 짜릿하기도 하며 훗

날 돌이켜보면 다시 돌아가고 싶지는 않지만 어딘가 그립기도 한 참으로 묘한 여정이다.

창조적 고독의 시간

천복이 필살기 수준에 도달하려면 잠시 세상에서 물러나 창밖의 시간변화에 무뎌질 정도로 자신을 갈고닦아야 한다. 하지만 그 시간을 견뎌내기에는 지난 세월 살아오며 형성된 내 안의 성격적 습성들이 날 가만히 두지 않는다. '이대로 세상에서 뒤처지면 어쩌지?'라는 두려움부터 '내가 지금 무모한 일을 하는 건 아닐까?'라는 의심까지, 각자 기질에 따른 온갖 성격적 아킬레스건들이 여기저기서 튀어나와 마구 찔러대기 때문이다. 즉 심연이란, 한편으론 내 안에서 천복을 품고 길러내며 그것이 새로운 운명으로 전환할 수 있게 창조적 고독의 시간을 가지되, 다른 한편으로는 그 시간을 시험하고 방해하는 자신의 성격적 아킬레스건과 싸워야 하는 두 가지 극단의 치열한 전투가 벌어지는 기간이다. 지금까지 익숙했던 세상에서 떨어져 나와 자신의 세상을 만들 수 있는지에 대한 자기주체성이 시험대에 오르고, 동시에 지금까지 자신을 죽이고 세상에 맞춰 살며 내 안에 억눌린 왜곡된 성향들이 아킬레스건이 되어 나 자신을 공격하기도 한다.

예를 들어 사실 난 사과나무였는데 지금까지 이 세상에서 망고나무가 유행하니 나 자신에게 망고열매를 맺으라고 강요하고 다그치며 살아왔다고 하자. 어느 날 더는 이렇게 살 수 없음을 깨닫고 내 안의 목소리를 듣고 진짜 나를 살펴 내가 사과나무인 것을 깨닫고 운명전환을 위해 입문하였다. 하지만 그동안 나는 너무도 망고열매 맺기에만 열중해 정작 어떻게 해야 사과열매를 맺을 수 있는지를 잊어버렸다. 잠시 세상에서 한 걸음 물러나 다시금 건강한 사과를 길러내기 위해 자기정화를 위한 고독의 시간을 가지려 하는데, 그동안 망고열매를 맺으려고 에쓰던 내 안의 왜곡된 사과나무 습성들이 왜 사과를 만들어내려 하냐며 일제히 나를 공격하는 셈이다. 참으로 황망하면서도 한편 슬픈 일이기도 하다.

그렇다면 어찌해야 할까? 당연히 망고를 맺기 위해 애쓰고 노력하며 나도 모르게 뒤틀린 본연의 사과 습성들을 편히 풀어주는 일이 우선이다. 즉 나 자신에게 있는 그대로 내가 되어도 좋다고 안심시켜주고 편히 대해주는 일이 무엇보다 가장 필요하다. 나는 정작 사과나무였는데 그동안 망고를 맺으라고 강요했으니 얼마나 힘들었을지 말이다. 그다음으로 망고를 맺기 위해 꼬이고 뒤틀려 나도 모르는 사이 발목을 잡는 아킬레스건이 되어버린 사과나무 습성을 원래 상태로 돌려놓는 일이 필요하다. 즉 아킬레스건을 집중적으로 공략한다는 의미는 지금까지는 치부로 알고 자꾸 감추려 들던 내 안의 약점을 있는 그대로 보기 시작하고 더 나아가서는 품어주는 일이다. 그렇게 나의 약점들을 자꾸 어루만져주고 달래주다 보면, 어느 날부터 서서히 그동안 나의 치부라고 여겼던 성격적 습성들이 나도 모르는 사이에 천복을 필살기로 만드는 가장 강력한 무기로 변하기 시작한다.

캠벨은 심연이란 자신의 고유한 천복을 필살기화할 수 있게 자신을 연마하면서 동시에 그동안 고비마다 아킬레스건이 되어 발목을 잡았던 내 안의 왜곡된 습성을 다시 건강한 본질로 되돌려놓는 정화의 시간이라고 말한다. 그런 만큼 심연은 운명전환 3단계 여정 중에서 가장 깊고, 어두우며 때로는 치열하기까지 한 자기와의 고독한 싸움이자, 나도 모르는 사이에 컴컴한 밤이 새벽하늘로 운명이 전환되는 가장 은밀하고 신비로운 창조의 시간이기도 하다. 즉 운명이 전환되는 창조적 고독의 시간이다.

그런 만큼 심연만 통과하면 정말 운명을 바꿀 수 있을 것 같지만, 아무래도 내 안의 틀어진 습성을 바로잡는 것이 결코 쉽지 않기 때문에 심연을 통과하는 것이 만만하지만은 않다. 문득 운명전환이 멀게만 느껴지려는 순간 캠벨은 심연을 통과할 비법 하나로 조력자의 이야기를 들려준다. 즉 동서고금 운명전환에 성공한 모든 신화에서 심연을 통과할 때는 반드시 조력자가 등장한다. 현대로 치자면 멘토나 스승 혹은 앞서간 이들이나 함께 가는 동료들이 이에 해당한다. 이들은 바로 내 안의 뒤틀린 습성들을 거울처럼 비춰주고 어떻게 해야 바로잡을 수 있을지 결정적인 조언을 해주며 심연을 통과할 수 있는 길잡이 역할을 해준다. 그래서일까. 이들 조력자는 대개 신화 속에서 때가 되면 어느 순간 홀연히 사라진다. 즉 운명전환이란 일정 부분 조력자들로부터 도움을 받을 수는 있지만, 결국 완성은 내 힘으로 해야 한나는 의미다. 그리하여 조력자가 사라진 뒤, 새벽이 오기 전 어둠이 가장 진하듯이, 돌아가기에는 너무 멀리 와버렸지만 아직 앞날은 보이지 않는 어쩌면 운명전환 여정에서 가장 견디기 힘든 고독의 시간이 펼쳐지기 시작하는데, 칼 구스타프 융 박사야말로 역사상 가장 깊고 어두운 심연의 시간을 이겨낸 인물이다.

운명전환을 방해하는 아킬레스건

칼 구스타프 융(1875~1961) 박사는 프로이트가 정신과 의사로서는 유럽 최초로 인간에겐 의식을 지배하는 무의식 세계가 있고, 그 세계는 다름 아닌 성욕에 의해 지배된다는 이론으로 전 유럽을 발칵 뒤집어 놓은 바로 그즈음 32세라는 젊은 나이로 51세의 프로이트와 첫 만남을 가졌다. 그때까지 자신 역시 막연히 인간의 의식을 지배하는 것은 사람의 의지가 아니라 무의식이라고 생각했기에, 그보다 한발 앞서 더욱 명확히 무의식 세계를 개척한 프로이트라는 거장과 만남은 가슴 떨리는 일이었다. 프로이트는 분명 그에게는 아직 미개척 분야인 무의식 세계로 발을 들여놓게 도와주는 스승이요 조력자였다. 하지만 애당초 융 박사는 무의식 세계가 단지 억눌린 성욕에 의해서만 지배된다는 것에는 의구심이 들었기에 어쩌면 프로이트와의 결별은 처음부터 예견된 일이었다.

프로이트는 융을 자식처럼 아끼며 프로이트 군단의 황태자이자 후계자로 지목했다. 하지만 융은 1912년 『리비도의 변용과 상징』이란 책을 통해 무의식 세계는 단순히 억눌린 성욕이 아니라 보다 다변적이고 심층적인 세계라는 견해를 밝힘으로써 프로이트 사단에서 떨어져 나온다.

그때까지는 융 자신조차 무의식 세계가 단순히 억눌린 성욕에 의해서만 지배되는 것이 아닌 훨씬 더 심오하고 심층적인 세계임을 파악한 정도였지, 뚜렷한 학문적 성과를 내놓지는 못했다. 책을 발표함과 동시에 프로이트 사단으로부터 분리되는 것은 물론 정신과 교수직까지 내려놓고 자신이 발표한 학문적 이론을 증명하기 위해 홀로 무의식 세계를 탐구하는 6년이란 길고 긴 고독의 시간으로 침잠해야 했다. 이를 두고 융은 노년기에 쓴 자서전에서 당시는 그때까지 이룬 모든 것을 포기해야 하는 자신 안의 강렬한 끌림이 두렵고 화가 나기까지 했지만 두려움과 분노를 뛰어넘는 훨씬 더 큰 천복의 끌림을 거부할 수는 없었다고 이야기한다. 결국 융은 이 6년 동안 거의 은둔자처럼 지내면서 자기와의 싸움에서 이겨, 결국 스승이었던 프로이트를 뛰어넘어 무의식 세계의 오묘함을 심층적으로 밝혀내며 분석심리학이란 거대한 학문체계를 완성한 거장으로 우뚝 선다.

이처럼 융이 세상에서 안정적이라 인정받는 정신과 의사의 길을 걷다 자신의 천복인 무의식 세계에 끌려 프로이트라는 조력자를 만나 본격적으로 그 세계에 발을 들여놓지만, 결국은 프로이트로부터 독립해 창조적 고독의 시간을 이겨내며 자신만의 학문체계를 완성하는 것. 이것이 바로 운명전환 여정 3단계 중 심연 통과 과정에 해당한다. 하지만 많은 사람이 심연 기간을 통과하지 못하고 포기하는 것은 이 깊고 어두운 시기, 자기와의 고독한 싸움을 견디지 못하기 때문이다. 즉 위에서 밝힌 자신의 아킬레스건에 발복 잡혀 결국 창조적 고독을 견뎌내지 못한다. 그리하여 일찌감치 운명전환 여정에 오른 이들을 가만히 살펴보니, 입문과는 달리 심연 통과는 연령이나 세대의 문제가 아니라 기질에 따라 각기 다른 아킬레스건에 발목이 잡혀 있음을 발견하였다. 기질을 바로 알지 않고서는 심연을 통과하기가 결코 만만치 않음을 깨달은 순간이었다.

나 또한 기질과 관련된 인간 유형론을 공부하기 시작한 것 역시 우연처럼 시작된 일이었다. 2009년 1인 지식 기업가로 전향한 후 3년이 지나도록 제대로 된 홀로서기를 이루지 못해 심리적으로 너무 힘들었다. 지금이야 그 시기가 바로 나의 심연 통과 기간이었다는 것을 이해하지만, 그때만 해도 아무것도 모르는 상태에서 그저 앞이 안 보이는 하루하루가 답답하고 불안하기만 했다. 도대체 내가 하려는 일이 내게 맞는 일인지, 과연 이 일로 세상에 복귀는 할 수 있을지 등등 매일이 불확실한 검은 구름 사이를 걷는 것 같았다. 그렇게 처음에는 나 자신을 조금 더 이해하기 위해 시작한 공부가, 점차 기질을 파악하고 그에 따른다는 것이 단순히 1인 지식기업가의 길뿐만이 아니라 운명 그 자체에도 영향을 끼친다는 것을 알게 되었다. 그리하여 본격적으로 인간 유형을 탐구하기 위해 인간 유형 공부 중에서도 가장 역사가 깊은 방법을 찾기 시작했다. 무릇 지식이란 세월을 뛰어넘어 전해져 내려올수록 지혜가 더해지는 법인데, 사람을 이해한다는 일에는 반드시 지식뿐만이 아니라 지혜가 함께해야 한다고 생각했기 때문이다. 그리하여 오랜 기간 성격 유형을 연구한 결과물인 에니어그램을 공부하게 되었다.

사람들 안에는 직관, 사고 및 감성 세 가지 에너지가 흐르는데, 이 중 어떤 에너지를 가장 많이 발달시켰느냐에 따라 각각 직관형, 사고형 그리고 감성형으로 분류할 수 있다. 유형별로 각기 대표적인 아킬레스건이 있는데, 가령 세상을 이기고 지는 대결의 장으로 보는 직관형이 융의 상황이었다면 어떤 일이 벌어졌을까? 우선 프로이트라는 조력자를 만났을 때, 미처 자신의 학문이 성숙하지 않았음에도 그와 한판 붙어서 조력자이자 스승이 될 수 있는 상대조차도 성급하게 이기려 드는 경향을 보일 수 있다. 실질적으로 프로이트 당대에 아들러가 그러했다. 아들러 역시 처음에는 융과 마찬가지로 프로이트의 사단에 합류했으나 일찌감치 프로이트에게서 떨어져 나와 무의식 세계는 성욕이 아니라 권력욕에 의해 지배받는다는 학문적 주장을 펼친다. 하지만 시간을 두고 더욱 차분히 무의식 세계 전체를 밝혀낸 융에 비해, 아들러의 경우는 무의식 세계가 성욕이 아닌 권력욕이란 단순 대치로 프로이트와 각을 세우는 선에서 그의 학문적 성취는 멈추고 만다. 그래서인지 프로이트는 훗날 아들러와 융을 잃은 것이 그에게 어떤 의미인지를 묻는 동료 심리학자의 질문에, 아들러를 잃은 것은 그다지 큰 문제가 아니었지만, 융을 잃은 것은 굉장한 손실이었다고 밝혔다. 이렇듯 직관형은 조력자를 만나도 일단 자신이 상대를 이길 무기 하나를 쥐었다고 판단하는 순간 상대를 이기려 드는 성향이 매우 강하다. 장기적으로는 그 때문에 더 큰 세계로 운명전환을 하는 기회를 스스로 차단하는 일이 되기도 한다.

그렇다면 세상을 불안한 곳으로 보고 머릿속으로 끊임없이 안전책을 찾는 사고형이 프로이트를 만나면 어떤 일이 벌어질까? 사고형은 직관형처럼 조력자까지도 성급히 이기려들지는 않지만, 반대로 끊임없이 더 나은 조력자나 스승이 없을지 수많은 조력자의 정보를 수집하는 데 시간을 허비하는 유형이다. 프로이트가 유명하다 싶으면 프로이트를 찾아오지만, 만약 아들러가 프로이트를 떠나면 우르르 아들러에게 몰려가 혹시 아들러가 프로이트보다 더 나은 건 아닌지 탐색한다. 그러다가 누군가 시선을 끌면 다시 그에게로 몰려가 또 다른 정보를 수집한다. 사실 폭넓은 정보를 수집하는 일 자체는 크게 문제될 것은 없지만, 정작 중요한 것은 자신의 중심이 없으니 늘 불안에 시달리며 항상 외부에서 일어나는 모든 일에 신경을 곤두세우고 정보를 수집하는 일에만 매달린다는 사실이다. 게다가 이들은 프로이트에 대해 정보를 아는 것을 마치 프로이트 학문을 다 아는 것처럼 착각하고 또 다른 정보 수집에 나서며, 끝내는 그 어떤 일도 깊이 있게 자신의 것으로 만들어내지는 못하는 유형이다. 늘 세상을 관찰자적 시각으로 바라만 보다, 정작 자신의 삶에서 중요한 결단을 내려야 할 시기조차 뒤로 물러나 세상 눈치를 보며 현실에서 추진력을 발휘하지 못하고 매일같이 내일은 잘할 거야, 라며 머릿속으로 결심만 할 가능성이 높은 이들이다.

끝으로 세상을 살아가는 의미를 사람들과의 관계에 두고 있는 감성형이 프로이트를 만난다면 프로이트의 학문적 깊이와 성취를 바탕으로 그를 조력자로 받아들일지 말지를 판단하는 것이 아니라, 프로이트에 대한 자신들의 호감도 혹은 프로이트와 자신들의 관계에 따라 앞날을 결정짓는 성향을 보이는 유형이다. 즉 내 인생을 결정하는 매우 결정적인 순간에서도 자신의 사적 감정 혹은 상대방과의 관계에 따라 결정을 내린다. 프로이트라는 당대 최고의 조력자를 만나더라도, 그 사람과의 관계나 선호도에 따라 일생의 기회를 그냥 흘려버리거나 반대로 너무 맹신해 자신의 학문체계를 더 발전시키지 못하기도 한다.

이렇듯 사람들의 기질에 따라 조력자를 대하는 태도부터 다른 만큼, 당연히 조력자로부터 독립해 각자 자신만의 세상을 만들어내기 위한 창조적 고독의 시간을 걷는 동안, 이 세 가지 유형을 뒤흔들어놓는 각자 아킬레스건 또한 전혀 다를 수밖에 없다. 참으로 사람들은 성격대로 세상을 살아가고 있다. 그런 만큼, 내 아킬레스건이 무엇이냐에 따라 심연을 통과할 수 있는 전략을 달리할 수밖에 없다.

재탄생이란 그간의 낡고 무거운 갑옷을 벗어 던지고 진짜 나의 옷을 입고 발걸음도 경쾌하게 내가 주인이 되어 다시 세상으로 걸어 들어가는 단계다. 즉 심연 기간에 잠시 세상에서 한 걸음 물러나 자신 안으로 들어가 그간 왜곡된 습성과 그로 인해 엇나간 내 운명을 다시 바로잡았다면, 재탄생 기간에는 바야흐로 내 본질적 장점을 강점화하며 서서히 세상과의 연결고리를 다시 찾는 여정인 셈이다. 달리 표현하면, 심연을 통과하면서 내 안의 뒤틀린 아킬레스건을 바로잡고 본연의 사과나무로 돌아가는 과정을 거치고 나서 이제 운명전환 3단계 여정의 마지막 단계에 이르러 그동안 숨겨져 있거나 외면해왔던 사과나 무로서의 나의 본질적 장점을 조금씩 더 인정하고 개발해 강점화를 이루며 비로소 나만의 멋진 사과나무를 꽃 피우는 여정이다. 그렇다면 '장점을 강점화한다'는 것은 무슨 의미일까? 그것을 이루면 진정으로 나답게 세상을 살아갈 수 있다.

캠벨은 여기에 대한 답으로 평범한 이들의 영웅적 도약에 대해 말한다. 영웅적 도약이란 사람들이 심연 기간에 자신 안의 천복을 뿌리내리고 싹 틔우기 위해 부단히 노력하다 보면 어느 순간 자신도 모르는 사이에 해당 분야에서 실력이 부쩍 늘어나는 순간을 일컫는다. 그런데 이 순간은 매일 눈에 띄는 것이 아니라 한동안은 지루하리만치 제자리걸음을 하는 듯하다가 어느 날 문득 실력이 향상한 것 같아 붙여진 이름이다. 예를 들어, 무술 고수가 되려고 모인 사람들이 처음에 누군가는 발차기를, 또 누군가는 옆차기 정도를 잘하는 장점을 갖고 무술 연마를 시작한다. 그리고 수많은 날, 매일 각자 잘하는 것을 연습에 연습을 거듭하다 보면, 어느 순간 실력이 부쩍 향상되면서 각자 장점들이 단순한 장점이 아니라 이젠 그들을 무림계의 고수로 만들어줄 필살기 수준에 도달하는 것, 그것이 바로 장점의 강점화다. 이것이야말로 자기 개성화를 이루어 운명을 전환하는 마무리 여정으로서, 이 단계에 이르면 사람들은 자신의 기질에 가장 자연스럽게 어울리면서도 고유한 독창성으로 빛나는 삶이 시작되는 것이다. 비로소 그동안 뒤틀린 운명이 가장 나다운 길로 자연스레 흐르기 시작하는 전환의 탄생이다.

하지만 캠벨은 운명이 전환되는 마지막 단계인 재탄생에도 아직 복병은 숨어 있다고 말한다. 마지막 관문을 통과하기까지는 결코 마음을 놓아서는 안 된다. 사과나무에 한 번 사과를 맺은 것으로 삶이 끝나지 않는다. 길고 어두운 심연을 통과하고 필살기까지 갖추었다는 자신감에 또다시 성급하게 세상에 뛰어들다 한순간에 추락해 공든 탑이 무너질 수도 있기 때문이다.

진정한 나로서 살아갈 수 있을지를
시험받는 마지막 관문

그리스 당대의 뛰어난 건축가, 다이달로스는 미노스 왕의 명령으로 일하던 중 그의 노여움을 사 아들 이카로스와 함께 크레타 섬에 갇힌다. 다이달로스는 섬을 탈출하기 위해 자신의 능력을 발휘해 하늘을 날 수 있는 거대한 날개를 만든다. 그리고 함께 갇힌 어린 아들 이카로스에게 비행연습을 시킨다. 자신이 만든 날개는 새의 깃털을 모아 밀랍으로 붙인 것이니 탈출할 때 너무 높이 날면 태양 빛에 날개가 녹을 수 있고, 너무 낮게 날면 바닷물의 습기에 날개가 축축하게 젖을 수 있으니, 너무 높게도, 너무 낮게도 날지 말라고 신신당부를 한다. 드디어 두 사람은 탈출에 성공해 세상을 향해 힘찬 날갯짓을 시작한다. 너무 오래 감금되었다가 자유를 만끽한 이카로스는 그만 아버지의 당부를 잊어버리고 하늘 높이 날아올라 날개가 녹아 바다에 추락하여 죽고 만다.

아버지가 탈출하기 전 그토록 일렀건만 이카로스는 결국 성급함을 이겨내지 못했다. 많은 사람들이 심연이라는 어려운 과정을 이겨낸 후 재탄생을 맞음과 동시에 추락하는 경우가 있다. 그런가 하면 이 신화에는 재탄생과 관련한 또 하나 숨겨진 코드가 있다. 바로 다이달로스가 아들에게 너무 낮게 날면 바닷물에 날개가 젖어 그 또한 죽음에 이를 거라고 경고했다는 점이다. 즉 기질에 따라 어떤 사람은 이카로스처럼 자신의 능력을 과대평가하며 태양 가까이 성급히 날아올라 타 죽기도 하지만, 반대로 누군가는 자기의심에 빠져 자신의 능력을 과소평가함으로써 바닷물에 날개가 젖어 죽는 경우도 발생한다. 어느 쪽이든 세상과 다시 만난 첫 대면에서 미숙한 모습을 보여주는 경우들이다.

재탄생은 진정한 나로서 살아갈 수 있을지를 시험받는 마지막 관문을 통과하는 단계다. 즉 이카로스처럼 처음부터 자신의 능력보다 더 높이 날아오르거나 반대로 너무 낮게 나는 것 모두 아직은 온전히 자기 주체적으로 세상을 대하는 것이 아니라, 여전히 세상으로부터 인정받고 싶은 욕구에서 오는 성급함이나 위축감에서 비롯된다. 이 문제야말로 한 해만 사과를 맺고 끝나는 것이 아니라, 매해 점점 더 아름답고 풍성한 사과를 맺기 위해서 반드시 해결하고 넘어가야 할 마지막 관문이다.

우리가 잘 아는 작가 헤르만 헤세를 잠시 살펴보자. 그는 자살미수 끝에 정신과를 전전하는 문제아였다. 결국은 작가로서 본질을 찾아 장점을 강점화해 『데미안』을 썼고 성공을 누렸다. 그 뒤에도 다시 세상에 휘둘리지 않고 삶을 잘 지켜나가 마침내 노벨 문학상에 빛나는 대문호가 되었다. 세상에는 단 한 번의 작은 성공 끝에 사라지는 너무도 많은 반짝 스타들이 있기에 그가 어떻게 휘둘리지 않고 본질을 잘 지켜나갈 수 있었는지 궁금하다.

헤르만 헤세(1877~1962)는 열세 살 어린 나이에 일찌감치 시인이 되고자 했으나, 독실한 기독교 집안의 부모님은 헤세가 신학교에 진학해 목사가 되기를 희망한다. 헤세는 부모님의 기대를 저버릴 수 없어 신학교에 진학하지만 얼마 지나지 않아 숨 막히는 신학교 생활을 견디지 못하고 뛰쳐나와 문제아의 길에 들어선다. 그렇게 시작된 정신적 방황과 고뇌는, 자신이 원하는 작가가 되기 위해 책에 파묻혀 살 수 있는 서점에 취직해 글도 발표하고 결혼도 하는 정상적인 삶을 시도하는 가운데에도 끈덕지게 헤세를 괴롭힌다. 결국 헤세는 자살시도와 이혼 등을 겪으며 다시 정신과 병원을 찾는다. 더는 자신의 힘으로 빠져나올 수 없을 것 같은 깊은 절망의 구렁텅이로 빠진 바로 그때, 헤세에게도 마침내 조력자가 나타난다. 바로 스위스의 조용한 정신병원에서 칼 구스타프 융의 제자인 요제프 랑 박사를 만나게 된다.

그때까지 홀로 방황하던 헤세는 요제프 랑 박사로부터 분석심리 상담을 받으며 자신의 내면세계로 조금씩 침잠해 들어간다. 그리하여 지난날 길고 긴 방황의 시간이 진정한 자아를 찾기 위한 여정이었음을 서서히 이해하기 시작한다. 그러던 어느 날, 헤세는 문득 데미안이란 술 취한 한 남자를 만나게 되었다고 노트에 갈겨쓴다. 그날부터 한달음에 작품을 완성했는데 바로 그 유명한 『데미안』이다. 작가로서 헤르만 헤세는 『데미안』 이후부터라고 해도 과언이 아닐 정도로 이 작품은 당대에 크게 주목을 받는다. 드디어 헤세가 자신만의 고유한 문학세계로 세상을 향해 힘차게 날아오르기 시작한 순간이었다.

하지만 여기서 중요한 건, 헤세는 첫 성공 이후 시류에 영합하거나 세상 인기에 휘둘리지 않았다는 점이다. 오히려 그때부터 내면 작업을 더욱 철저히 해나가며 스위스 산골을 몇 시간씩 걸어와 칼 구스타프 융 박사를 직접 만나기도 하며 작가로서 자신의 작품 세계를 더욱 깊고 단단하면서도 풍성하게 발전시켜간다. 그러면서 순차적으로 내면 탐구의 깊이를 더하기 위해 동양사상에 심취해 쓴 『싯다르타』, 자기완성의 길을 걷기 위해 자신의 영혼이 천 개로 갈라지는 듯한 내적 분열 과정을 겪었음을 이야기하는 『황야의 이리』, 분열된 내면세계에서 자기다움을 다시 일으켜 세우기 위해서는 선과 악, 양극의 체험을 하고 결국은 그 두 세계의 대극합일을 이루어내어 자신을 찾아간다는 『나르치스와 골드문트』까지, 헤세를 세계적 작가의 반열에 올려놓은 작품들을 연이어 발표한다. 결국 그가 생각하는 이상향은 개인이 궁극적으로 자신다움을 잃지 않고 그가 속한 공동체와도 아름다운 조화를 이루는 세계임을 이야기하는 『유리알 유희』로 노벨 문학상을 받으며 헤세는 문학계의 영원한 별이 된다.

헤세는 작가로서는 최고의 영예인 노벨 문학상 수상식이 자신에게는 어울리지 않는 너무 화려한 자리라 여기며 수상식 참여는 정중히 거절한다. 대신 그가 조용히 은둔하는 스위스의 작은 마을 몬타뇰라가 주목을 받아 전 세계에서 수많은 사람이 끊임없이 찾아왔다. 헤르만 헤세만의 엄청난 자기 확장이 시작된 셈이다. 그렇게 헤세에게 삶에 대한 지혜를 구하고자 전 세계로부터 찾아오는 사람들에게 그는 지나친 자기불신은 팽창된 자신감과 마찬가지로 둘 다 있는 그대로의 자신을 존중하지 못하고 극단으로 치닫는 일인 만큼, 있는 그대로의 자신을 사랑하는 일이야말로 세상을 살아가는 가장 소중한 지혜임을 일깨워주었다. 인생은 늘 자신이 의미를 부여하는 만큼 그 가치를 지니게 되어 있으니, 자신을 존중하는 삶을 살라고 하면서.

심연을 통과한 이들이 자기존중이 부족한 채 세상에 나아간다면, 앞서 이야기한 이카로스처럼 누군가는 성급히 태양 가까이 오르다 추락할 것이다. 또 누군가는 반대로 위축감에 바다 가까이만 어정대다 역시 추락할 것이다. 어느 쪽이든 단 한 번 사과를 맺는 것으로 재탄생이 끝날 수밖에 없다. 재탄생의 마지막 관문에서 성급함을 보이거나 위축감을 보이는 것 역시 유형에 따라 다르다.

기질에 따라 사람들이 다시 세상과 만날 때 어떤 모습들을 보일지 잠시 살펴보자.

유형별 재탄생 방법

먼저 세상을 이기고 지는 대결의 장으로 보는 직관형은 만약 필살기는 갖추되 자기 주체성은 미약한 상태에서 다시 세상에 나아가면, 심연 기간을 통과하는 즉시 참고 참았던 욕망이 폭발하며 한 방에 세상에서 인정받으려 태양 가까이가 아니라 태양을 집어삼킬 기세로 단숨에 지구 끝까지 날아오르려 할 가능성이 매우 크다. 만약 이들이 헤세의 『데미안』처럼 세상에서 성공을 거둔다면, 직관형은 이 한 권의 책으로 세상에 막대한 영향력을 행사하고 싶어 할 것이다. 이런 유형은 할 수 있는 모든 매체를 통해 자신을 세상에 알리며 수많은 대중에게 단숨에 어필하여, 마치 『데미안』이란 작품 하나로 노벨 문학상이라도 받은 것처럼 세상에 그 족적을 남기고 싶어 할 것이다. 그러나 문제는 이처럼 한 방에 너무 큰 결과를 얻으려 무리수를 두다, 한 번에 추락할 수도 있는 허점이나 거품을 만들어낼 가능성이 매우 크다.

그런가 하면 세상을 늘 불안한 곳으로 보고, 머릿속으로 끊임없이 가장 안전한 방책을 모색하는 사고형이 필살기는 갖추고 자기 주체성은 미약한 상태에서 다시 세상에 나아가면 과연 어떤 일이 벌어질까? 무엇보다 먼저 이들은 아버지, 다이달로스가 가르쳐주는 비행법이 안전한지, 그 외 다른 방법은 없는지 끝없이 의심하고 불안해하며 또 다른 비행법을 알아보려 최선을 다할 것이다. 그러면서 머릿속으로 매일 비행법 A는 무슨 문제가 있고, 비행법 B는 이런 위험 요소가 있으니 가능하면 더 안전한 비행법 C를 찾을 때까지는 절대 섬을 탈출해서는 안 된다고 여기는 이들이다. 마침내 그들 생각에 가장 적합하다고 생각되는 비행법을 찾게 되더라도, 새로운 비행법을 완전히 터득했다 여길 때까지 또 시간을 끌면서 머릿속으로는 계속해서 내일 탈출해야지, 그리하여 내일이 오늘이 되면 또다시 내일은 꼭 해야지를 반복하며 정작 실행에 옮기는 결단은 계속해서 미루는 유형이다. 그러다 큰 결단을 내리고 섬을 탈출해 날아오르더라도 세상에 어떤 일이 벌어지는지 정황을 살피고자 가능한 한 몸을 낮추어 날다가 결국 바닷물에 날개가 젖어 추락할 가능성이 매우 높다.

세상을 살아갈 의미를 사람들과 관계에서 찾는 감성형

이 필살기는 갖추고 자기 주체성은 미약한 상태에서 재탄생을 맞이하면 과연 어떤 일이 벌어질까? 감성형은 사람들과 관계에 의미를 부여하는 유형이므로, 크레타 섬에 갇혀 있는 동안 그곳의 누군가와 관계를 깊이 맺을 가능성이 크다. 그렇기에 막상 탈출의 날이 다가오면 이들은 친한 친구나 사랑하는 이를 두고 과연 내가 이 섬에서 탈출해야 할지 아니면 갇혀 있는 신세라도 그냥 이 섬에 눌러앉아 살아야 할지를 두고 큰 고민에 빠진다. 다음으로 만에 하나 친한 이들과 이야기가 잘돼서 그들도 함께 섬을 빠져나가기로 했다고 가정해보자. 그런데 서로 원하는 곳이 다를 경우 감성형은 본래 자신이 가고자 한 곳이 아닌 친한 이들을 따라 엉뚱한 곳으로 갈 수도 있다. 오랜 세월 갈고닦은 자신의 필살기가 물거품이 되더라도 친한 이들과의 관계 때문에 자신들의 본래 목적은 쉽게 포기하거나 외면하는 유형이다. 이들이 만약 헤세처럼 『데미안』이란 성공을 거두면 어떤 일이 벌어질까? 아마 감성형은 그때까지는 만나볼 수 없었던 각계각층의 또 다른 성공한 사람들과의 만남에 한동안 딴 세상에 들어선 것처럼 황홀해할지도 모른다. 그러면서 곧 자신보다 더 대단한 사람들과 친해지는 환상에 취해 어느새 자신의 존재감은 잊어버리고 문화예술계의 거장들을 뒤쫓아 다니며 누구누구와 친구가 되었다는 사실에 도취해 본인의 작품 세계는 뒷전으로 밀려날 가능성이 크다. 결국 대가들이 하는 풍토를 모방해 자신만의 주체적 깊이는 없지만, 이미지만 화려한 이상한 작품을 선보이거나 반대로 별들의 세계에 산다는 환상에서 깨어나지 않으려 언제까지나 거장들의 친구로 머무르며 자신의 작품세계는 중단할 가능성이 높다.

재탄생 기간은 그간의 길고 긴 운명전환 여정을 마무리하고 자신만의 필살기를 앞세워 새로운 세상을 향해 힘차게 날아오르는 아름다운 단계이자, 자신의 주체성을 확고히 하며 앞으로 나아가는 인생을 위한 첫걸음이다. 그러므로 2부에서는 사람들의 유형에 따라 제각각 다른 필살기를 어떻게 강점화할 수 있는지 살펴보도록 하자. 필살기를 갖춰야 재탄생하며 운명전환을 완성할 수 있기 때문이다.

유럽 에니어그램 이야기

에니어그램에 따르면 사람은 누구나 성격에 따라 각자 인생에서 걸려 넘어지는 아킬레스건과 운명을 활짝 펴게 하는 필살기가 다를 수밖에 없다.

에니어그램은 원래 고대 동양종교의 '참나'를 찾아가는 수행방편으로서 그 유래가 시작되었다. 고대에는 동양의 수행자들 사이에서만 비밀리에 전해져 내려왔다. 에니어그램이 처음으로 서구사회에 전해진 것은 진리를 찾아 동양으로 순례여행을 떠났던 러시아 영성학자인 구르지예프를 통해서다. 구르지예프는 에니어그램을 영성학적 차원에서 접근해 그만의 독특한 구르지예프 '무브먼트'를 창안하며 우주의 원리를 깨달으려고 했다. 그의 제자 중 한 사람이었던 볼리비아 영성학자인 이카조는 에니어그램을 더욱 적극적으로 내면탐구에 활용하기 시작했다. 에니어그램이 현재 우리가 잘 아는 심리학적 체계를 갖추게 된 것은 이카조의 제자인 클라우디아 나란조 박사에 의해서였다. 그는 칠레의 정신과 의사로, 게슈탈트 심리치료법의 창시자인 프리츠 펄 박사를 도와 게슈탈트 심리 치료 프로그램을 개발하기도 했다.

정신과 의사이자 심리치료사였던 나란조 박사는 동양철학에도 관심이 많아 에니어그램을 만나기 전 이미 내면세계를 깊이 다루는 동양사상에 대해 폭넓게 공부했다. 그로부터 성격은 내면에서부터 왜곡된 원인을 찾아 바로잡지 않으면 언젠가는 우리의 삶이 왜곡된 성격에 의해 휘둘리기 시작한다고 판단했다. 그는 에니어그램을 만났을 때 이것이야말로 동서양 사상을 통합해 인간 내면을 가장 깊이 파고 들어가 뿌리에서부터 왜곡된 기질을 바로잡을 수 있다고 생각했다. 그렇게 나란조 박사에 의해 에니어그램은 고대 동양사상의 지혜에 서구심리학적 체계를 더하여 인간을 각각 어떤 주된 에너지를, 어떤 흐름으로 쓰느냐에 따라 9가지 유형으로 분류하는 현재의 모습을 갖추게 되었다. 그리고 1971년 미국 캘리포니아 버클리에서 'SA(Seeking After Truth)'라는 이름 아래 그의 제자들에게 에니어그램을 처음 가르치기 시작해 전 세계적으로 퍼져나가 지금에 이르고 있다.

SAT는 산스크리트어로 '진리'를 뜻하며 1970년대 이후 지금까지도 나란조 박사는 계속해서 그 이름으로 에니어그램 과정을 이끌고 있다. SAT 프로그램은 현재 전 유럽을 옮겨가며 1단계에서 4단계까지 2년에 걸쳐 한 사이클이 진행된다(필자는 독일과 프랑스에서 진행하는 SAT에 참가하였다). 전 세계 많은 이들이 2016년 현재 85세 고령인 나란조 박사로부터 그동안 축적된 에니어그램의 학문적 깊이와 더불어 더욱 풍성해진 지혜를 배우러 모여들었다. 나는 창시자란 말만 듣고 생존해 계실 거라고는 생각하지 못하다, 나란조 박사가 아직 가르침을 열고 있다는 소식을 듣고, 2015년에 유럽으로 가 에니어그램에 대해 공부했다.

SAT 프로그램은 동양의 다양한 명상법들, 구르지예프로부터 전해져 오는 무브먼트, 서양 심리학(그중에서도 특히 게슈탈트 심리치료법) 및 나란조 박사와 함께하는 에니어그램 4가지 영역으로 구성되어 있다. 이론은 물론이고 무엇보다 참석자 개개인의 철저한 내면 작업을 통해 이론과 실습 능력을 겸비한 테라피스트 훈련에 중점을 두고 있다. 그래서인지 참가자 대부분이 이미 테라피스트나 코치로 활동하데, 경우에 따라서는 심리학 석, 박사들도 참가해 그 깊이를 더한다.

그러나 내가 유럽에서 공부하며 무엇보다 놀라웠던 것은 심리학을 공부한 이들이나 테라피스트 심지어 비즈니스 일선에서 뛰는 경영코치들까지도 동양사상에 엄청 관심이 많고, 아는 것도 많다는 사실이다. 불교명상 등이 미국이나 유럽에서 붐이 일었던 것은 익히 알았지만, 막상 명상복까지 갖춰 입고 나보다 더 명상자세가 꼿꼿한 유럽인들을 보니, 이러다 조만간 유럽인들한테 동양사상을 배워야 하는 게 아닌가 하는 위기감이 느껴질 정도였다. 궁금함을 참지 못하고 왜 그토록 동양사상에 심취하느냐고 묻자, 심리학이나 인간을 탐구하는 것은 결국 사람의 내면을 알아야 하는 마음공부로 이어질 수밖에 없는데 그러한 지혜는 동양사상이 더 깊고 한 수 위라는 답이 돌아왔다. 얼핏 자랑스러우면서 한편 현재 우리는 과연 그런 지혜를 추구하는지 의문스러웠다.

그렇게 유럽 친구들과 함께 나란조 박사와 그의 오랜 제자들로부터 에니어그램을 공부했는데, 되돌아보면 실습과정에서 나의 고착을 마주하고 깨뜨리는 작업이 너무 힘들었다. 무엇보다 내 좁은 세계를 온통 뒤흔들어놓은 일은, 이 세상 어디를 가도 사람들은 별반 다르지 않다는 사실이다. 독일, 프랑스, 스위스, 이탈리아, 룩셈부르크, 벨기에 그리고 영국 및 스페인 등 유럽 각지에서 다양한 친구들이 몰려왔으나 직관형은 한국의 직관형처럼 단순하고 소탈했다. 반면 사고형은 한국의 사고형처럼 생각이 많고 복잡했다. 그런가 하면 우리보다는 훨씬 감정이 풍부할 것 같은 유럽인들이었지만, 그들 중 가장 감성적인 것은 역시나 우리와 마찬가지로 감성형이었다. 한마디로 국적이나 인종을 넘어 내면 훨씬 깊은 곳에서 같은 유형 사이의 근원은 맞닿아 있었다. 게다가 다양한 연령층에서 보여주는 인생의 궤적은 말 그대로 세 살 버릇 여든까지 간다는 우리의 속담이 하나도 틀리지 않다는 것을 증명이나 하듯 성격적 아킬레스건과 필살기가 마치 씨줄과 날줄처럼 그대로 삶에 흐르고 있었다. 성격은 지구 반대편에서도 사람들의 운명을 좌지우지한다는 사실을 확인할 수 있는 장이었다.

또한 우리 사회보다는 훨씬 더 개인들의 주체적 사고가 발달하고 개성이 존중된다고 여겨지는 유럽에서도 한 사람의 일생이 각자 성격이 얼마나 건강하게 펼쳐지느냐, 그렇지 못하느냐에 따라 왜곡되고 틀어지는 경우가 종종 있다. 하물며 나와 다른 생각을 하는 이들은 다른 것이 아니라 틀렸다는 이분법적 사고로 내 편, 네 편으로 가르는 것에 익숙한 한국사회에서 한 개인의 개성은 사회라는 큰 틀에 끼어 얼마나 왜곡되고 틀어졌는지를 깨달은 순간이었다. 성격이 운명인데, 지금까지 우리는 내 성격적 개성을 있는 그대로 드러내지도 못하며 살아왔으니 사회가 이제는 공동체적 답을 주지 못하며 각자 스스로 책임을 지라는 거시적인 경제적 위기 앞에서 수많은 개인이 이토록 당황하고 혼란스러운 건 너무도 당연한 일이다.

물론 유럽 친구들 또한 살면서 이런저런 어려움이 있지만, 한 가지 분명한 건 자신들의 삶을 어떻게 가꿔갈지에 대해서는 철저히 개인들이 주체적으로 결정하고 있었다. 그들은 각자의 삶을 더 큰 책임감과 애정으로 대하며, 사회의 요구에 자신을 맞추기 위해 쏟아야 할 시간과 에너지를 본인에게 집중해 더욱 풍요롭게 개성을 표현하고 발현하고 있었다. 참으로 부러운 일이었지만, 한편 생각하면 우리가 처해 있는 경제적 위기야말로 자신을 돌아볼 절묘한 기회라는 생각이 든다. 어차피 사회가 책임저주지 못한다면, 이제부터라도 적극적으로 자기 개성화를 이루며 진짜 내 인생을 만들어가야겠다. 그러기 위해서는 무엇보다 먼저 각자 유형에 따라, 어떻게 천복을 찾을 수 있는지, 나의 아킬레스건과 필살기는 무엇인지부터 살펴보자. 운명 전환은 나의 고유성을 회복하는 일에서 시작된다.

에니어그램의
3가지 에너지장과 9가지 유형

에니어그램은 9를 나타내는 그리스어 '에니어'와 그림을 뜻하는 '그라모스'의 합성어다. 에너지 중심에 따라 직관형(장형), 사고형(머리형), 감성형(가슴형)으로 나눈다. 각 에너지 원류는 에너지 흐름이 외부로 흐르는지, 내부로 향하는지 혹은 안팎으로 흐르는 힘이 동일한지에 따라 9가지 성격 유형으로 분류한다.

직관형(장형): 직관형은 어떤 일을 결정할 때 행동하고 그다음에 생각한다는 우스갯소리가 있을 정도로 깊이 생각하기보다는 직관에 의한 행동결정을 먼저 하는 유형이다. 세상을 이기고 지는 대결의 장으로 보는 유형. 뱃심이 좋다, 배짱이 두둑하다 혹은 생존력이 강하다 등 인생을 살아가는 데 가장 기본적인 생존의 힘이 강하고, 그 강한 힘으로 세상을 자기 마음대로 하고 싶어 한다.

8번 – 연약한 골목대장
외향형, 강력한 행동력, 상대를 힘으로 제압하려 함, 순간적 분노폭발

1번 – 고지식한 완벽주의자
내향형, 개혁가적 기질, 완벽주의자, 비판정신, 고지식한 외골수

9번 – 고집불통 평화주의자
외/내향 에너지 흐름 동일, 갈등회피, 포기를 모르는 저력, 고집, 게으름

사고형(머리형): 사고형은 고심 끝에 악수를 둔다는 말처럼, 어떤 일을 결정할 때 생각하고 또 생각하고 또 생각하느라 정작 결정은 미루고 또 미루는 생각일변도의 유형이다. 사고형은 이 세상을 안전하지 못한 곳으로 인식하며, 끝없이 생각에 생각을 하며 세상에서 가장 안전하게 살아남을 방법을 모색한다.

7번 – 고통 회피 낙천주의자
외향형, 호기심 충족을 위한 경험지향, 재미추구, 절대긍정, 정신적 고통회피

5번 – 인색한 은둔자
내향형, 경험보단 지식, 지적 관찰자, 자발적 은둔형, 끈기와 몰입

6번 – 우유부단 공동체수호자
외/내향 에너지 흐름 동일, 공동체 수호자, 대세 추종, 책임과 성실, 우유부단, 결단력 부족

감성형(가슴형): 감성형은 "친구 따라 강남 간다"는 말처럼 사람에 대한 호불호에 의해 중요한 일도 결정하는 관계지향적 유형들이다. 이 세상을 관계의 장으로 보며 주변 사람들로부터 사랑받는 것으로 자신들의 정체성을 확립하는 경향이 있다.

2번 – 오만한 애정실천가
외향형, 러블리한 감성교감자, 밝은 에너지, 강한 소유욕과 관심욕구

4번 – 자아 없는 나르시시스트
내향형, 암울한 신비주의자, 특별한 이미지 지향, 심미안 발달

3번 – 공허한 성취주의자
외/내향 에너지 흐름 동일, 감정배제 성취주의자, 성공 이미지 연출, 허영심, 내적 공허함

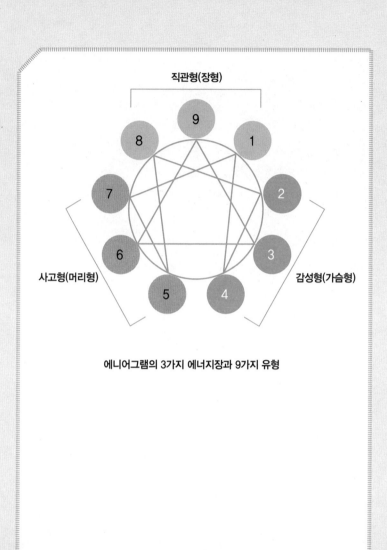

에니어그램의 3가지 에너지장과 9가지 유형

2부

유형별

운명전환

성공법

8번: 연약한 골목대장
1번: 고지식한 완벽주의자
9번: 고집불통 평화주의자

직관형은 세상을 이기고 지는 대결의 장으로 보는 유형이다. 그러므로 세상을 대할 때 어떻게든 자신들이 이기고 싶은 욕구가 가득하고, 만약 그 욕망이 충족되지 않으면 욱! 하고 분노를 표출한다. 직관형은 사람을 대할 때도 힘의 대결로 내가 이길 수 있는 상대인지 혹은 굽혀야 하는 상대인지를 직관적으로 판단한다. 그에 따라 행동하는, 흔히들 말하는 '기 싸움'에 능한 본능 에너지를 가장 많이 쓰는 유형이다. 그러다 보니 직관형은 뱃심이 좋다, 배짱이 두둑하다 혹은 생존력이 강하다 등 인생을 살아가는 데 가장 기본적인 생존의 힘이 강하고, 그 강한 힘으로 세상을 자기 마음대로 하고 싶어 하는 유형이다.

다만 번호에 따라 세상을 어떻게 지배하려는지가 달라지는데, 직관형 중 에너지를 밖으로 쓰는 8번은 자신의 힘을 외부로 쏟아 세상을 지배하려 드는 유형이다. 즉 세상과 대결을 펼쳐 승리해 이 세상을 제 뜻대로 지배하고 싶어 한다. 반면 에너지를 안으로 쓰는 1번은 자신의 힘으로 스스로를 완벽하게 만들어 세상에서 최고가 되는 것으로 이 세상을 이겼다고 여긴다. 그런가 하면 안팎으로 쓰는 에너지의 힘이 균일한 9번은 직관형임에도 세상을 향한 자신의 욕구를 최소화해 끝까지 살아남는 것으로 이 세상을 이기려 한다. '강한 자가 살아남는 것이 아니라 살아남는 자가 강하다'라는 표현이 썩 어울리는 유형이다.

그러다 보니 8번은 언제, 어디서나 골목대장 혹은 행동대장을 하려 들며 늘 외부를 향해 자신의 존재를 과시한다. 그렇게 어디서나 대장을 자청하며 만약 제 뜻이 관철되지 않으면 본능 에너지를 밖으로 쓰는 유형답게 버럭화를 내며 종종 분노조절이 안 되는 모습을 보여준다. 그런가 하면 1번은 자신을 완벽하게 하는 데 모든 에너지를 쏟아부으며 애당초 완벽이란 불가능한 목표를 달성하지 못하는 자신에게 늘 화를 내며 산다. 그러나 분노를 표출하는 모습도 완벽하지 못한 일이기에 1번은 화 또한 내면으로 차곡차곡 쌓아놓고 마치 잠자는 사자처럼 누군가 코털을 먼저 건드리면 그때 맹수처럼 일어나 반드시 상대를 제압하고야 만다. 끝으로 9번은 직관형의 커다란 에너지 탱크를 겉으로도, 안으로도 쓰지 않고 내면 깊숙이 묻고 오히려 욕구를 최소화해 살아가며 끝까지 버티는 식으로 승부를 보는 유형이다. 즉 직관형의 엄청난 파워 에너지를 거의 활용하지 않고 묻어만 두니, 8번과 1번도 때로는 9번의 맷집과 저력 앞에선 두 손, 두 발 다 든다는 표현이 나올 정도로 버티는 힘이 엄청나다. 때로 이것이 과하면 엄청난 고집불통이 되기도 한다.

그러나 에너지를 어느 방향으로 쓰느냐에 상관없이 직관형은 각자 자신들의 방식으로 세상을 이기고 싶어 하는 유형으로서, 사고형이나 감성형보다 이기고 지는 것이 전부인 다소 단순한 메커니즘을 지녔다. 그런 만큼, 때로는 합리적 근거 없이 무조건 자기주장만 고집하거나 상대를 배려하는 면이 부족한 공통점이 있다.

8번: 연약한 골목대장

〈니키타〉로 전 세계 팬들에게 이름을 알리기 시작한 뤽 베송 감독의 영화 중 지중해를 배경으로 펼쳐지는 〈그랑 블루〉는 잊을 수 없는 수작 중 하나다. 영화나 문학 작품 속에서 자연은 때로는 사람들이 대결해서 이겨야 하는 대상으로, 때로는 수용하고 받아들여 조화를 이루며 공존을 모색해야 하는 대상으로 그려지기도 한다. 〈그랑 블루〉 속 두 주인공 자크와 엔조는 자연을 대하는 상반된 모습처럼 서로 다른 지향점을 보여주며 자신들의 삶을 펼쳐간다.

어릴 적부터 깊은 바다와 돌고래를 친구처럼 여기는

자크와 달리, 꼬맹이 추종자들을 이끄는 골목대장 엔조에게 바다는 그저 정복의 대상일 뿐이다. 어른이 되어 국제 프리 다이빙대회에서 17번이나 우승하지만, 엔조의 마음속에는 늘 잊지 못하는 한 사람이 있다. 이제는 고향을 떠나 돌고래를 돌보며 평온한 삶을 살지만, 어릴 적부터 다이빙에 관해서는 유일하게 적수라고 인정하는 친구 자크다. 엔조는 아무리 국제대회에서 우승해도 자크를 이기지 않고서는 진정한 최고가 될 수 없다고 생각해 조용히 살아가는 자크를 승부의 세계로 끌어들인다. 정말이지 타고난 승부사, 그가 바로 엔조다.

그렇게 시작된 두 사람의 경기에서 역시 엔조의 예상대로 자크는 이제까지 그 어떤 상대와는 비교할 수 없을 정도의 실력을 보인다. 어릴 때부터 바다를 싸워서 이겨야 할 극복의 대상으로 보는 것이 아니라 어머니의 품처럼 늘 함께하고 조화를 이루는 대상으로 보는 자크의 다이빙 앞에, 오직 승부에만 집중하는 엔조는 자신의 한계를 넘어서는 도전을 하려 한다. 목숨이 위태로울 수 있다는 이유로 의료진들이 막아서자 엔조는 의사의 멱살을 잡으며 분노를 뿜어낸다. 그 누구도 자신의 앞을 막으면 안 된다며. 참으로 이 세상을 단순히 이기고 지는 것으로만 보는 어릴 적 골목대장 그대로다.

그런 골목대장 엔조를 야단칠 수 있는 사람은 오직 단 한 사람, 바로 이 세상 모든 이들보다 강한 존재, 어머니 뿐이다. 자신의 목숨을 걱정하는 의료진의 멱살을 잡고, 수상식을 거부하고 제멋대로 호텔 방에서 파티를 벌이는 덩치 큰 엔조이지만, 레스토랑에서 인스턴트 스파게티를 먹으면 안 된다고 야단치는 어머니 앞에서만큼은 꼼짝 못하고 얌전히 말을 듣는 모습은 정말이지 단순하고 철 없는 어린아이의 모습 그대로다.

그러나 그토록 맹목적인 승부사였기에 자크가 프리 다이빙 세계에선 거의 불가능에 가까운 122미터 다이빙에 성공했을 때, 엔조는 자신의 한계를 분명 벗어나는 일이라는 것을 직감하였다. 그럼에도 오직 이 세상 유일한 적수를 꺾고 세상에서 최고가 되어야 한다는 단 하나의 집념으로 목숨을 걸고 바다 속으로 뛰어든다. 아마 엔조는 인류 역사상 '불가능은 없다'라는 슬로건을 내걸고 수많은 일에 도전장을 내밀며 발자취를 남긴 사람들의 상징인 것 같다. 이런저런 생각을 하며 이해득실을 따지는 것이 아니라, 무모하리만치 하나의 목표만을 향해 돌진하는 순수한 혁명가의 모습과도 닮았다. 문학 작품에서 가장 거칠 것 없는 자유로운 영혼이라 일컬어지는 니코스 카잔차키스의 『그리스인 조르바』처럼 오직 순수하게 자신의 욕망에만 충실했던 엔조. 때로는 생각이 너무 많아 아무 일도 하지 못하는 사람들로서는 그 거침없음이 두렵기도 하고, 부럽기도 한 그런 인물이 아닐까 싶다.

한마디로 8번 유형은…

영화 속 엔조처럼 단순히 승부에만 목숨을 거는 골목대장 같은 유형이다. 승부 앞에서는 엄청난 추진력을 가지고 있는 한편 어린아이다운 순수한 내면도 갖고 있다. 영화에서처럼 자칫 세상을 지배하고 싶은 과한 욕망 때문에 주변을 힘들게 하거나 제 뜻대로만 하려는 삐뚤어진 지배욕을 보일 수도 있다.

직관형은 이 세상을 이기고 지는 대결의 장으로 본다. 그중에서 8번은 에너지를 밖으로 쓰는 유형으로서, 외부 세상과 직접 대결해 승리함으로써 이 세상을 지배하고 싶어 하는 유형이다. 일단 자신이 한 번 목표로 정한 일에서는 에니어그램의 9가지 유형 중에서 가장 강렬한 추진력을 발휘하며 불도저처럼 밀고 나가 승리를 거머쥐려 하는 스타일이다.

다만 그렇게 앞만 보고 저돌적으로 밀고 나가다, 누군가 혹은 무언가 방해요소가 생기면 가까운 가족 사이에도 불같이 화를 내거나 일과 연루된 사람들에게 무자비하게 행동하거나 제압하려는 다분히 완력만 앞세운 단순한 골목대장 같은 치명적 아킬레스건을 노출한다. 하지만 사실 8번의 가장 큰 문제는 그런 질주본능으로 자칫 자신까지 파멸시킨다는 점이다.

8번 유형의 운명전환 여정

입문: 에너지를 분출할 수 있는 일을 찾는다

직관형 중에서 8번은 에너지를 외부로 쓰는 외향형으로서 외부 세상과 직접 부딪쳐 맞서려고 한다. 직관형 중에서도 특히 외부로 뛰쳐나가는 힘이 센 행동파로서, 경우에 따라서는 먼저 행동하고 나중에 생각한다는 우스갯소리를 듣기도 한다. 8번이 외부적으로 위기를 맞으면 그 어느 때보다 전투력을 불태우며 무조건 정면 대결해 이기는 것만이 능사라 믿으며 불도저처럼 밀고 나간다. 그렇게 해서 위기를 극복하거나 반대로 완전히 패배한다. 한마디로 '도 아니면 모'라는 극단의 승부수를 띄울 가능성이 높은 유형이다.

8번이 일단 운명을 전환하겠다고 마음먹으면, 그 순간 바로 행동에 옮기며 불도저처럼 누구보다 먼저 달려가는 스타일이다. 사고형이 운명을 바꾸겠다고 마음먹고도 이것저것 재고 따지느라 행동에 옮기기까지 많은 시간이 드는 데 비해 직관형은 거의 본능적 직감으로 행동에 옮긴다. 그중에서도 8번은 9가지 유형 중 운명전환 입문 과정에 가장 과감하게 뛰어드는 유형이다. 8번이 갖는 최대

장점 가운데 하나다.

그러므로 회사 같은 조직에서는 신규 프로젝트를 발주할 때나 새로운 시장 개척이나 해외 영업 등 지금까지 기존의 시스템으로 시도하지 않았던 일을 맡길 때 적임자로 꼽힐 가능성이 매우 크다. 어릴 때부터 골목대장이었던 엔조가 커서도 자신이 앞장서서 추진력 있게 밀고 나가는 것을 가장 좋아하는 것과 마찬가지다. 만약 8번이 한자리에 가만히 앉아 끝없이 같은 일을 반복하거나 치밀한 일(8번 입장에선 사소한 일이 되겠다)을 물고 늘어져야 한다면 아마도 '차라리 죽음을 달라'고 외칠지도 모른다. 아무래도 8번의 천복은 어떻게든 에너지를 밖으로 쓰는 일을 할 때 더욱 빛을 발할 수 있기 때문이다. 늘 대장 노릇을 하려는 과한 행동이 조직 내 사다리타기에서 걸림돌이 될 수도 있으니, 작더라도 자신이 대장 역할을 할 수 있는 스몰 비즈니스나 가만히 앉아 있기보다는 몸을 움직이며 발로 뛰는 일이 기질적으로는 오히려 장점을 발휘하는 천복이 될 수도 있다.

다만 입문에 들어서며 한 가지 꼭 명심할 일이 있는데 성격 급한 8번은 '입문=재탄생'이 되기를 그 누구보다 강렬히 원한다는 점이다. 그야말로 한 번에 세상을 정복하고 싶어 한다고 할까. 누구보다 먼저 활기차게 입문하는 것까지는 좋으나, 입문은 끝이 아니라 시작이라는 점을 명심하며 이제부터는 차분히 이성의 힘을 기르면서 앞으로 나아가야 성공할 수 있다.

심연 통과: 현명하게 분노 다스리기

대개 8번은 바로 행동에 옮기는 추진력이 있어서 입문 과정은 크게 어려워하지 않는다. 오히려 장쾌하게 운명전환 여정에 오르는 이들이 바로 8번이다. 다만 그 장쾌함으로 천복이 필살기가 되도록 갈고닦아야 하는 심연 과정에서는 완전 성공 아니면 완전 실패로, '도 아니면 모'를 보여준다. 생각이 많은 사고형과는 달리 직관형은 한 번 시작한 운명전환 여정을 포기하는 것도 지는 것이라 생각해 결코 쉽게 물러서지는 않는다. 그러나 외부와 싸울 때 꼭 이기고 싶어 하기 때문에 심연 기간을 외부와의 전투를 위한 준비기간으로 보고 잘 이겨내는 이도 있지만 뜻대로 필살기가 길러지지 않아 자멸하는 이들도 있다.

같은 외향형이지만 사고형인 7번은 한 템포만 끊어주면 다시 차분히 생각할 수 있는 것과 달리, 직관형인 8번은 자신의 뜻대로 일이 풀리지 않을 경우 스스로 녹다운이 될 때까지 밀어붙이거나 혹은 분을 이기지 못해 가까운 이들에게 불같이 화를 내며 주변을 힘들게 하는 치명적인 아킬레스건을 지녔다. 이 상태가 조금 더 악화되면 분노 조절이 안 되거나 스스로 자멸하기도 한다. 물론 8번만 화를 내는 것은 아니지만, 뱃심 두둑한 직관형 에너지를 밖으로 분출하는 8번의 경우 제 뜻대로 일이 풀리지 않을 경우 상당히 공격적이고 격한 분노를 터트리는 것이 문제다. 이토록 외부로 분노를 뿜어내는 이면에는 9가지 유형 중 가장 연약한 내면아이를 지닌 채 공격당하는 것에 대한 두려움 때문에 먼저 공격한다는 단순한 논리가 작동한다. 자칫 진정한 리더로 성장하지 못하고 화만 내고 자기 멋대로 하려고만 드는 '연약한 골목대장'에 머무르기도 한다.

8번이 심연 기간에 필살기가 연마되지 않거나 일이 풀리지 않아 속에서 엄청난 분노가 올라오면 그 즉시 혼자 있는 공간으로 달려가자. 빈 공원으로 달려가 마음껏 소리 지르며 달리기를 해도 좋고, 격한 운동을 하면서 땀과 함께 화를 빼내도 좋겠다. 어떤 방법을 쓰더라도 올라오는 화를 주변 사람들에게 직설적으로 퍼부으며 상대방에게 상처를 주며 지금까지 쌓아온 모든 관계와 일을 어그러뜨리는 것을 막아야 한다. 즉 본능 에너지가 화가 되어 밖으로 터져 나올 때, 그 화를 억누르는 것은 8번에게는 참으로 어렵다. 그런 만큼 '무조건 화를 참아라'는 절대 답이 될 수 없다. 다만 지금부터는 '현명하게 화를 다스리기'가 오히려 8번에게 심연을 통과하는 지혜로운 방식이 된다. 이렇게 한 번 강렬히 올라오는 화를 현명하게 분출하면, 8번 역시 한 걸음 물러나 이성의 힘을 작동시키며 오히려 어떤 유형보다 더 쿨하고 시원하게 사태를 재정비하고 과감히 재도전할 수 있다. 순간 욱! 하고 격렬히 올라오는 화를 얼마나 현명히 다스릴 수 있는지, 없는지가 8번의 심연 통과 핵심 포인트다.

재탄생: 경청의 힘을 기른다

심연 기간을 인내하고 필살기를 갈고닦은 8번은 재탄생을 맞이하면 아무래도 허세가 심해 한 번에 태양이라도 집어삼킬 기세로 덤벼든다. 태양 가까이 날아올랐다가 날개가 녹아 바다에 추락한 이카로스의 모습이 흡사 8번과 비슷하다. 하지만 아무리 강한 필살기가 있다고 해도 한 번에 태양까지 날아오를 수는 없다. 설사 그렇다 하더라도 정상을 유지하기 위해서는 진중한 자세가 필요하다. 자칫 급히 정상에 도전하다가 오히려 역풍을 맞고 한순간에 추락할 수도 있다. 어떤 면에서는 심연보다 재탄생

후가 조금 더 염려스러운 유형이다.

8번이 필살기를 갖추고 다시 세상으로 나아가기 전에는 그 여정에서 만나는 사람들의 이야기를 듣고 또 들어야 한다. 8번은 늘 언제 어디서고 자신들이 대장 역할을 하며 주변 사람 모두를 제 뜻대로 휘두르려는 기질이 강하다. 그런 만큼 불의에 맞서거나 사회를 개혁해야 하는 위기 상황에서는 그 누구보다 정의롭고 투철한 정신으로 새로운 세상을 만들어가는 리더가 될 수 있다. 하지만 그렇지 못한 경우에는 설혹 자신이 대장이라 하더라도 주변 사람들의 이야기에 귀를 기울이고 또 기울이며 자신과 자신이 행하는 일들을 점검하고 또 점검할 필요가 있다. 만약 8번이 주변 사람들의 의견에 귀를 기울이며 그 의견들을 취합해 최선의 방법을 모색하는 이성의 힘을 발휘할 수만 있다면 아마 우리 사회에서 8번은 더할 나위 없이 소중한 리더로서 곳곳에서 두각을 나타낼 수 있다. 이때 8번의 재탄생은 개인뿐만 아니라 사회 전체를 성장시키는 거대한 원동력이 될 수도 있다.

성공적인 운명전환을 위한 처방전

생각 연습

8번은 직감에 따라 행동하는 직관형답게 아! 하고 이 거다 싶으면 곧바로 운명전환에 뛰어드는 행동파다. 그런 만큼 입문 과정에 쉽게 뛰어드는 장점이 있지만, 반면 시 작하고 내가 어디로 가야 하지? 하고 방향성조차 잡지 않 고 시작하는 경우가 있다. 그러므로 이거다, 하고 감이 온 순간 바로 새로운 일에 뛰어들기보다 잠시 가벼운 산책 이라도 하면서 흥분을 가라앉히자. 속도를 조절하며 자신 의 행동을 절제하고 잠간이라도 내가 지금 무엇을 왜 하 려 하는지 생각하는 연습을 한다. 그렇게 이성의 힘을 기 르다 보면 특유의 뛰어난 직관에 사유의 힘까지 더해져 자신들의 천복을 발굴하는 것은 물론, 이후 여정까지도 뚜렷한 방향성과 거기까지 도달할 로드맵을 그리면서 힘 차게 입문 과정에 뛰어들 수 있다. 그러니 바로 뛰쳐나가 지 말고, 걷기 명상을 하듯 잠시 산책을 해보자.

운을 경영하라

대개 8번이 새로운 일을 열정적으로 추진하다 실패하거나 자멸하는 이유가 있다. 바로 도모했던 일이 뜻대로 되지 않아 분노가 걷잡을 수 없이 올라올 때 그 화를 고스란히 주변 사람들에게 폭발하기 때문이다. 지금까지 들인 노력을 일순간에 수포로 돌려버린다. 평상시에 갑자기 화가 올라오면 어떻게 하겠다는 행동 지침이나 자기만의 통제 방식을 미리 정해놓도록 하자. 예를 들어, 격렬한 운동을 한다거나 아니면 마구 달린다거나 혹은 혼자 있는 공간에 가서 속 시원히 소리를 지른다거나 하는 식으로 타인에게 퍼붓는 것이 아니라 어떻게든 혼자 화를 해결하는 방안을 찾는다. 이것은 비단 필살기를 쌓아가는 심연 기간뿐만 아니라 8번 인생에서 가장 치명적인 아킬레스건이므로 평상시에도 '분노 조절을 할 나만의 방법' 하나씩은 꼭 만들어두자. 8번이 갑자기 올라오는 자신들의 분노를 잘 다스릴 수만 있다면 심연 통과는 물론 그동안 공든 탑이 하루아침에 무너지는 일은 방지할 수 있다.

경청하기

'입은 하나, 귀는 둘인 이유가 듣는 것에 비해 말은 반만 하라는 데 있다'는 탈무드의 격언이 있다. 이 가르침이 가장 필요한 유형이 8번이다. 이들은 직관형의 강한 에너지를 쏟아내느라 언제 어디서나 자기주장, 자신들의 이야기를 거침없이 지치지도 않고 쏟아낸다. 언제, 어디서나 늘 '대장'이고 싶은 사람들. 그러니 8번은 들어야 한다. 어른들의 이야기도 듣고, 내 동료들의 이야기도 듣고 심지어 나보다 어린 친구들의 이야기에도 귀 기울이며 항상 자신의 의견을 주장하고 고집하는 태도에서 타인의 이야기를 듣는 자세로 변화가 필요하다.

타인과 대화를 나누거나 단체 회의를 할 때, 의도적으로 한 번쯤은 한마디도 하지 않고 오로지 '듣기 연습'만 해보자. 그러면서 타인의 의견을 받아 적고, 내가 주장하고 싶은 의견은 종이에 적기만 한다. 그리고 대화나 회의가 끝난 후, 다시 한 번 타인의 의견과 내가 주장하고 싶었던 바를 비교해보자. 때로는 내가 주장하지 않더라도 회의 전체가 좋은 방향으로 흘러갈 수 있다. 혹은 내가 생각하지 못했던 좋은 의견이 타인에게서 나올 수 있다는 사실을 배울 수 있다. 이렇게 몇 번만 묵언 수행하듯 경청하는 연습을 하다 보면, 서서히 타인의 의견을 존중하며 함께 조화를 이루는 법을 스스로 터득할 수 있게 된다. 그리하여 8번이 타인의 의견도 폭넓게 수용할 수 있으면 거기에 특유의 추진력이 더해져 부드러운 카리스마를 지닌 멋진 리더로 다시 태어날 수 있다.

1번: 고지식한 완벽주의자

영화 〈미하엘 콜하스의 선택〉을 보게 된 것은 순전히 묵직한 분위기를 자아내는 북유럽 배우 매즈 미켈슨 때문이었다. 어딘가 장중함까지 풍기는 예사롭지 않은 포스터가 깊이 있는 이야기를 풀어놓을 것 같았다. 영화는 탁월한 말 기르기 실력으로 귀족 못지않은 부를 누리며 당대의 일반인들은 쉽게 접하지 못하는 루터의 독일이 성경까지 읽는 말 상인, 콜하스의 이야기로 시작된다.

어느 날 콜하스는 시장에 말을 팔러 늘 가던 길을 가는데 새로 부임한 남작이 갑자기 통행료를 요구한다. 콜하스가 부당하다며 항의하자, 남작은 콜하스의 가장 아름다운 말 두 마리를 압수해버린다. 얼마 뒤 시장에서 돌아와 말을 찾으러 간 콜하스는 그사이 험한 일로 상태가 엉망인 된 말들과 그런 말들을 지키려다 남작의 하인들이 풀어놓은 사냥개들한테 물어뜯긴 하인을 발견하고 경악을 금치 못한다. 콜하스는 남작에게 말들을 원상태로 돌려놓고 하인에게는 배상해줄 것을 청구하지만, 그의 요구는 철저히 무시된다. 억울함을 견디지 못한 콜하스는 공주를 찾아가 정식으로 소송을 걸려 하지만 어딘가 위험을 느낀 아내가 만류한다. 완고한 콜하스가 말을 들으려 하지 않자 아내가 그 대신 공주를 만나러 가고 고문 끝에 피투성이가 된 채 돌아와 콜하스 앞에서 죽고 만다.

도저히 법으로는 해결할 수 없다고 판단한 콜하스는 반란을 일으킨다. 반란은 어느새 귀족의 횡포를 참지 못한 사람들의 민중봉기로 이어진다. 하지만 세가 늘어나면서 차츰 콜하스의 원래 의도와는 달리 모여든 이들 중 일부가 무력을 믿고 민간인의 집을 약탈하는 등 불의한 일을 저지른다. 그러자 콜하스는 정의의 이름으로 그런 이들을 공개 처형한다. 불의를 참지 못해 일어났는데, 그들 스스로 정의의 이름으로 권력을 남용하는 일이 발생하는 순간이다. 공주를 대신해 협상자로 찾아온 루터는 당신 역시 힘으로 타인을 지배하는 것이 귀족들과 다를 바가

뭐냐고 비난하자 콜하스는 자신의 정의로움을 증명하기 위해 공주의 평화협상을 받아들여 무기를 버리고 부하들에게 해산을 명령한다(목숨을 걸고 함께 싸운 부하들과 한마디 의논 없이 단독으로 결정한다).

　결정에 불만을 품어서인지 혹은 살길이 막막해서인지, 강제 해산된 부하 중 하나가 귀족을 살해하는 일이 벌어진다. 공주는 그 책임을 물어 콜하스의 사면을 취소하고 투옥한다. 결국 콜하스는 법정에서 남작에게 빼앗긴 말과 다친 하인을 위한 보상금을 받아 내지만 그 자신은 아내의 목숨부터 부모 없이 살아가야 하는 딸의 미래까지 모든 것을 잃게 된다. 감독은 과연 정의란 무엇인가에 대해 엔딩까지 묵직하게 끌고 나가며 그 답은 관객의 몫으로 남겨 놓는데, 그에 대한 해답은 영화를 본 지 몇 년이 지난 지금까지도 뒤끝이 무겁게 남아 있다.

한마디로 1번 유형은…

영화 속 콜하스처럼 '정의로운 신념가'형이다. 자신이 옳다고 생각한 일은 목에 칼이 들어와도 신념을 굽히지 않지만, 그 신념이 주관적인 왜곡에 빠져 외곬으로 고지식한 모습을 보여주기도 한다.

직관형은 이 세상을 이기고 지는 대결의 장으로 보고 어떻게든 승리자가 되려는 이들이다. 그중에서 1번은 직관형 중 에너지를 안으로 쓰는 내향형으로, 자신을 완벽하게 만들어 세상을 지배하려는 사람들이다. 같은 직관형이지만 에너지를 밖으로 쓰는 8번이 세상을 향해 공격성을 드러내는 것과 달리, 1번은 직관형 에너지를 안으로 돌려 어떤 분야든지 자신들이 속한 곳에서 완벽자가 되려는 모습을 보여준다.

그런 만큼 결정한 일은 그 어떤 외부환경에도 흔들리지 않고 끝장을 보는 철두철미한 개혁가적 정신을 보여주기도 한다. 하지만 완벽하기 위해 늘 자신을 질타하는 만큼 절대적으로 자신들이 옳다는 독선에 빠지면 주변 누구와도 타협하려 들지 않는다. 특히 이들은 8번과 달리 먼저 싸움을 걸지는 않지만, 누군가 자신들의 영역을 건드리거나 한발 더 나아가 부당히 대하는 경우는, 영화 속 콜하스처럼 죽음을 불사하고 투쟁하기도 한다. 한마디로 1번을 잘못 건드리면, 잠자는 사자의 코털을 건드리는 일이 될 수도 있다. 때에 따라서는 자신뿐 아니라 타인에게도 그들 특유의 완벽주의 잣대를 기울이며 비판을 하다 스스로 고립을 자초하기도 한다. 특히 이 잣대가 1번 스스로 만든 주관적 정의일 경우, '내가 곧 법이다'라는 왜곡된 신념에 빠져 자멸하는 치명적 아킬레스건이 될 수도 있다.

2부 유형별 운명전환 성공법

1번 운명전환 여정

입문: 장시간 승부를 벌이는 일을 찾아보자

　1번은 직관형 중 에너지를 안으로 쓰는 내향형으로서, 자신이 맡은 일은 완벽하게 해냄으로써 세상을 이기려 드는 유형이다. 직관형답게 한 번 목표로 하는 일에 대해서는 탁월한 추진력을 보여주지만, 에너지를 안으로 쓰는 내향형답게 공격형 8번보다는 훨씬 더 진중하게 끝까지 물고 늘어지며 끝끝내 결과물을 만들어낸다. 그러므로 1번이 외적으로 위기를 맞으면 특유의 담대함과 전투력이 상승해 죽을지언정 절대 물러서지 않는 생존력과 투쟁정신을 보여준다.

　1번의 경우 이들의 가장 큰 장점인 완벽주의가 입문 과정의 걸림돌이 된다. 처음부터 모든 것을 완벽하게 준비하고 한 치의 오차나 실수도 없이 입문하려다 어딘가에서 한 번 삐끗하면 특유의 실수를 용납하지 않는 완벽주의가 자책으로 바뀌며 그 자리에 주저앉기도 하기 때문이다. 하지만 일단 목표를 잡고 방향성을 뚜렷이 정하면 절대 중도에 포기하는 법이 없는 만큼, 모든 것을 완벽히 준비해 시작하려는 마음만 조금 내려놓으면 누구보다 수

월하게 운명을 전환할 수 있는 철저함을 지닌 유형이다. 사실 이 세상에서 변하지 않는 건 모든 것이 변한다는 단한 가지 사실이라는 말처럼, 1번이 아무리 노력해도 완벽이란 경지는 존재하지 않는다. 이를 받아들이고 자신들의 불완전성을 너무 질타하지만 않으면 조금은 편하게 입문에 들어설 수 있다.

1번은 운명전환을 결심하고 천복을 찾는다면 자신들이 선택한 어떤 분야든지 평균 이상의 결과물을 내놓는다. 특히 신체활동이나 손재주를 연마해 전문가 수준에 달하는 일에서는 직관형 특유의 직관에 완벽주의까지 더해져 탁월한 두각을 나타낼 수 있다. 콜하스처럼 동물을 다루는 일이나 사람들과 교감하는 일도 특유의 섬세한 직관 에너지가 빛을 발할 수 있는 분야다. 정리하면 1번은 책상 앞에 앉아 생각만 하는 일보다는 특유의 직관이나 신체적 민감함을 살릴 수 있는 일이 적합하다. 직관형 중 뒷심이 부족한 8번에 비해 한 번 시작한 일은 끝을 보고야 마는 투지가 합해져 장기적인 일에서도 결과물을 만들어내는 유형이다. 특히 목표를 설정하고도 사회적 시선을 신경 쓰는 사고형과는 달리, 1번은 자신이 세운 목표가 있으면 비가 오나 눈이 오나 그 길을 걸어가는 개혁가 정신을 지닌 이들이다. 지금까지와 다른 사회적 물결을 만들어내는 일에 뛰어들어도 커다란 사회 변혁을 끌어낼 수 있는 유형이기도 하다.

너무 완벽하게 준비하고 입문에 들어서려는 강박에 가까울 정도의 완벽주의만 조금 내려놓으면 더 이상 문제될 것이 없다. 운명을 전환하려는 일이 결국 지금까지 해보지 못했거나 낯선 일에 도전하는 것이니만큼 처음부터 모든 것을 완벽하게 통제하거나 자신을 질타하지 말고 여유롭게 편안한 마음으로 새로운 세상으로 들어가자. 입문하기만 하면, 남들은 가장 어렵다는 심연을 오히려 수월하게 통과하는 유형이니 말이다.

심연 통과: 유연성을 길러 부러지지 말자

1번이 입문에서 완벽을 기하려고 너무 시간을 끌지만 않는다면, 일단 입문 뒤 심연 과정은 다른 유형보다 상대적으로 쉽게 필살기를 갈고닦으며 통과하기도 한다. 늘 스스로 다그치며 맡은 바 어떤 일도 최선을 다하는 것이 몸에 밴 유형인 만큼, 자신들의 천복을 찾고 그것을 필살기 수준이 되도록 갈고닦는 건 1번에게 전혀 어려운 일이 아닐 수도 있다.

하지만 즐기는 사람을 열심히 하는 사람이 따라가지

못한다는 말은 아마 1번에 대한 이야기일 듯하다. 1번은 완벽주의 강박에 사로잡혀 그것이 설혹 자신들의 천복이라 할지라도, 조금은 여유를 갖고 즐길 수 있는 일마저도 긴장을 늦추지 않고 실수하지 않기 위해 촉각을 곤두세우니 말이다. 100가지 일 중 99가지 일을 잘하고도 만약 한 가지 일이 자신의 마음에 들지 않으면, 그 하나를 가지고 자신을 질타하거나 채찍질하며 자신은 물론 주변 사람들까지 모두 긴장하게 만든다.

스스로 아주 사소한 분야까지 잘하려고 늘 긴장 속에서 애쓰고 노력하기에, 만에 하나 누군가 1번에게 잘못을 지적하거나 혹은 의문을 제기하면 절대 받아들이지 않고, 물러서지도 않는 완고함을 드러낸다. 직관형 중 에너지를 밖으로 쓰는 공격형 8번처럼 먼저 타인에게 싸움을 걸거나 하지는 않지만, 누군가의 (설혹 그것이 좋은 의도로 행하는) 제안이나 충고조차 굉장히 예민하게 반응한다. 자신들은 먼저 남을 괴롭히지는 않지만, 누군가 자신을 건드리면 목에 칼이 들어와도 절대 꺾이지 않는다. 이런 완고함은 1번으로 하여금 탁월한 필살기를 지니고도 스스로 고립을 자초하게 하며 영원히 심연 기간에 머물게 하는 치명적 아킬레스건이 된다. 유연함을 터득해 세상과 조화를 이룰지, 아니면 고지식한 완벽주의자로 영원히 심연 기간에 머물 것인지가 1번의 심연 통과 키포인트다.

재탄생: 나와 타인의 불완전성을 용납하자

대개 1번은 심연 기간에 필살기를 쌓고 또 쌓기 위해 시간을 끌지언정 스스로 물러서는 일은 거의 없다. 어쩌면 9가지 유형 중에서 가장 흔들림 없이 굳세게 자신의 길을 걸어가는 대쪽 같은 이들이다. 그렇기 때문에 1번이 다시 세상을 향해 날아오르는 재탄생의 시기가 오면, 이들은 세상과는 동떨어진 자신들만의 비행경로를 만들어 버리는 경향이 있다. 스스로 옳고 그름을 구분해 자신들이 믿는 정의가 전부라 생각하는 외곬인 만큼 세상과 만나고 소통하고 어우러져야 하는 재탄생 기간이 어떤 면에선 홀로 필살기를 연마하는 심연 통과 기간보다 더 힘겨울 수 있다.

그런 1번이 재탄생을 위해 세상과 함께하려 할 때 가장 걸림돌이 되는 것은 바로 '용서하지 못하는 완고함'이다. 앞에서 말했듯이 1번은 99가지 일을 잘하고도 한 가지를 실수하는 자신을 질타하는 완벽주의자들이다. 1번은 누군가 자신들의 실수를 지적하거나 공격하면 오랜 시간이 걸려도 절대 용서하지 못하고 마음속에 원망을 품는 성향이 아주 강하다. 게다가 타인이 하는 일에 대해서도 스스로에게 가하는 완벽주의 잣대로 판단하며 경우에 따라서는 서슴지 않고 비판의 날을 세우다 보니 본의 아니게 적을 만든다. 이는 탁월한 실력을 지니고도 현실 세계에서 실력 발휘를 못 하고 고립을 자처하는 이유가 되기도 한다. 그러므로 완벽하지 못한 자신을 있는 그대로 인정하자. 신의 경지인 완벽을 추구할 수는 있지만, 결코 한순간에도 완벽할 수 없는 것이 인간이란 점을 겸허히 인정하고 자신의 불완전성을 받아들이자. 그렇게 자신의 불완전성을 서서히 받아들이기 시작하면, 그때 비로소 타인의 허물과 실수 그리고 잘못 또한 그들의 불완전성에서 오는 어쩔 수 없는 인간적 한계라는 점도 너그러이 받아들일 수 있게 된다. 정리하면, 인생 전반에 걸쳐 노력하고 애쓰며 사는 1번이 자신의 천복을 필살기로 연마한 뒤 세상을 더 부드럽게 포용한다면, 좋은 시기는 물론이고 그어떤 난세에도 수많은 사람을 이끌며 바른 길을 가는 진정한 리더로서 거듭 태어날 수 있다.

성공적인 운명전환을 위한 처방전

놀이처럼 편안하게

1번이 운명전환 초기과정인 입문을 가장 힘들어하는 이유가 바로 새로운 것을 시작할 때부터 모든 것을 완벽하게 처리하고자 하는 강박에 가까운 완벽주의 성향 때문이다. 운명전환뿐 아니라 일상에서도 자신과 다른 사람들을 위해서 특유의 완벽주의를 조금 내려놓을 필요가 있다. 그런 만큼 다른 유형과는 달리 1번은 입문을 하기 위해 긴장하지 않을 필요가 있다. 즉 철저히 계획하고 그 계획대로 매일 자신을 몰아치며 채찍질하며 자기검열을 하려 하지 말고, 마음 가는 대로 편안히 놀이를 하듯이 즐기면서 해본다. 여유롭게 시작해도 이미 매일 자신을 닦달하는 습성 때문에 남들보다 평균 이상으로 성실히 임할 터이니 아무 염려 말고 그저 놀이하듯 편한 마음으로 입문에 들어선다.

목표량의 80%만 달성하기

다음으로 본격적인 필살기 연마가 시작되면 1번은 특

운을 경영하라

유의 긴장감이 생성되면서 잘해야 한다는 강박관념으로 한 방향만 바라보고 자기 연마를 쌓아가려 할 것이다. 사실 천복이 필살기가 되려면 이런 과정을 거쳐야 하지만, 완벽주의 1번은 그 정도가 좀 지나친 면이 있다. 1번은 가끔 한 걸음 물러나 주변을 좀 돌아볼 필요가 있다. 세상 모든 일이란 여백이 있어야 더 채울 수 있는 법이다. 외곬으로 혼자서 모든 걸 다 채우려 들지 말고 재탄생 이후 세상과 조화를 이루며 더 나은 성장을 이룰 여백을 만드는 것, 그것이 1번이 심연 통과 시 기억해야 할 포인트다. 1번은 자신들이 목표로 삼은 양보다 더하기가 아닌 빼기 연습이 필요하다. 오늘 하루, 이번 한 달, 올 한 해 필살기 연마를 어디까지 해야지, 라고 마음먹은 그 목표량의 80%까지만 달성하자. 매일 10시간씩 몰두할 계획을 세웠다면 8시간으로 줄이고 나머지 2시간은 세상과 교류하며 여백을 만들자. 천복이 필살기가 되도록 홀로 연마하는 심연 통과 여정이라고 하지만, 현실감마저 상실하거나 지나치게 자신을 몰아붙이면, 과함이 모자람만 못하게 된다. 스스로 하고자 하는 목표량의 80%만 하며 삶에 숨 쉴 틈을 주며, 심연 기간이 진짜 헤어 나오지 못하는 검은 늪이 되지 않게 하자.

2부 유형별 운명전환 성공법

다른 유형보다 쉽게 심연 기간을 통과한 1번에게 어떤 면에서는 심연보다 어려운 단계가 재탄생 여정이다. 홀로 필살기를 연마하는 심연 기간이야 타의 추종을 불허한다. 하지만 그 특유의 완고함 때문에 현실로 날아오르는 재탄생 과정에는 세상과 더불어 살아야 하는 도전이 기다리고 있다. 이 부분이야말로 의식적으로 노력을 기울이자. 먼저 매일 10분씩이라도 자신과 타인을 칭찬해주는 칭찬일지를 써보자. 늘 완벽을 지향하는 1번은 어떤 유형보다 칭찬에 인색하고 때로는 그 정도를 넘어 자신은 물론 타인에게도 가혹할 수 있다. 어떤 일을 할 때 한 가지 실수를 찾아내 자신을 자책하거나 타인을 비난하지 말고 99가지 잘한 일을 칭찬하고 감사하는 연습을 하자. 처음에는 내가 뭘 잘했는지 인정하기가 매우 쑥스럽고 오히려 부족한 부분만 눈에 띌 것이다. 그럼에도 꾸준히 자신을 칭찬하는 연습을 하자. 어느 정도 자기 칭찬이 익숙해지고 타인에 대해서도 한 가지, 두 가지 썩 내키지는 않지만 칭찬일지를 쓸 수 있게 되면, 어렵겠지만 일상에서 얼굴을 보고 말로도 칭찬해보자. 아마 1번에게는 일생일대 가장 어려운 도전이 될 듯하다. 정 칭찬하는 것이 어렵다면 고맙다는 감사의 표시를 하는 것은 어떨까? 아니면 슬쩍 지나가는 말처럼 해도 좋을 것이다. 처음에는 이 모든 일이 너무도 어색하겠지만, 사실 마음을 내어 자꾸 하다 보면 상대방이 기뻐하고 고마워하는 모습을 볼 수 있다. 이러한 부드러움이야말로 1번이 진정 마음속 깊이 원하던 일이라는 사실을 자신도 느끼면 완고하고 고립된 삶에서 빠져나와 그동안 갈고닦았던 그 멋진 필살기를 세상에 마음껏 펼치며 살아갈 수 있게 된다. 그동안 1번이 추구하던 완벽한 삶이란 결국 이러한 삶이었다고 깨달을지도 모르겠다.

영화 〈버틀러: 대통령의 집사〉는 미국 남부 목화공장의 흑인 노예지만 온종일 아버지와 함께 있는 것만으로도 행복한 어린 세실의 이야기로 시작한다. 어느 날, 노예들이 보는 앞에서 어머니가 목장 주인에게 끌려가 능욕을 당한다. 참다못한 아버지가 그저 '이봐'라는 한마디를 했다가 그 자리에서 총으로 살해당하면서 세실의 행복한 어린 시절도 끝이 난다. 이후 그를 불쌍히 여긴 주인 할머니 덕분에 하우스 니그로가 되지만 결국 자기다운 삶을 위해 목장에서 도망친다.

하지만 백인이 흑인을 죽여도 벌을 받지 않는 남부에

서 도망친 세실에게 바깥세상은 위험천만 그 자체였다. 그렇게 헤매고 다니다 너무도 배가 고파 문 닫은 빵집의 유리창을 깨고 들어가 케이크를 훔쳐 먹는다. 하늘이 도왔는지 마침 그곳의 요리사가 흑인이었다. 어린 시절 하우스 니그로로 훈련을 받은 세실은 흑인 요리사의 도움으로 그곳에서 일자리를 얻는다. 태어나 처음으로 사람은 누구나 자신을 존중해야 한다는 것을 배우게 된다. 이후 나이든 요리사를 대신해 워싱턴 호텔에 취직한다. 세실은 특유의 우직함과 성실함 그리고 백인 고객들의 대화에 함부로 나서지 않는 신중함으로 이번에는 백악관 직원에게 발탁된다. 아이젠하워부터 레이건까지 향후 30년간 8명의 미국 대통령을 보필하는 버틀러의 길로 들어서는 순간이다.

"귀 막고, 눈 가리고, 오직 서빙만" 하는 백악관의 생활이 시작되지만, 대통령의 수십 켤레 신발을 닦으면서도 지난날의 고생에 비하면 세실은 그저 행복하기만 하다. 그렇기에 그는 벌어다 주는 돈으로 편히 공부만 하면 될 걸 굳이 위험한 흑인인권운동에 뛰어드는 큰아들 루이스가 도무지 이해되지 않는다. 아들과의 관계는 점차 악화되는데, 결정적으로 7년 만에 집에 찾아온 루이스가 뱉은 "백인에게 아양 떤 돈"이라는 말에 격분해 아들과 의절하

2부 유형별 운명전환 성공법

고 만다.

그간의 공을 인정받아 세실 부부는 낸시 레이건에 의해 백악관 파티에 초대를 받는다. 여기서 세실은 백인들을 병풍처럼 둘러싸고 시중을 드는 동료 버틀러들을 보며 자신이 어떤 삶을 살아왔는지를 문득 깨닫는다. 그날 이후 세실은 30년 넘게 역대 8명의 대통령을 모시던 버틀러 일을 그만둔다. 그리고 이제는 국회의원이 되어 여전히 길 위에서 남아프리카 흑인 인권운동을 펼치는 아들을 찾아가 '미안하다'라는 말을 건넨다. 이윽고 세월이 흘러 2008년 미국에서 첫 흑인 대통령이 탄생한다. 이 같은 기적은 사회 각계각층에서 신념과 의지를 지닌 이들의 끝없는 노력으로 이루어졌음을 보여준다. 〈버틀러: 대통령의 집사〉는 우리가 잘 모르던 미국의 이면을 볼 수 있다는 점에서 한 번쯤은 볼 만한 영화다.

한마디로 9번 유형은…

영화 속 세실처럼 느긋한 평화주의자이자 스스로 만족하는 일에서는 수십 년을 멈추지 않고 지속할 수 있는 저력을 발휘한다. 곰돌이 푸우처럼 일상이 안락하면 행복해하고 여유로운 모습을 보인다. 하지만 제 뜻대로 일이 풀리지 않을 때는 황소고집이 되거나 쌓아둔 분노가 폭발하면 불곰처럼 변하기도 한다.

직관형 중에서 9번은 안팎으로 쓰는 에너지가 균일한 힘을 이룬다. 자신의 욕구를 최소화하며 버티기 작전으로 끝내 승자가 되려고 하는 유형이다. 바로 '강한 놈이 살아남는 것이 아니라, 살아남는 놈이 강하다'를 대표하는 유형이다. 평상시에는 불필요한 갈등을 싫어하고 평화를 지향하며 모든 일에서 좋은 게 좋다는 식으로 대처하며, 곰돌이 푸우처럼 착하고 유순하다는 말을 듣는다. 하지만 자신이 한 번 목표로 삼은 일은 그동안 비축한 힘을 발휘하며 끝까지 버티는 저력을 보여준다.

다만 자신의 욕구까지 최소화하며 끝까지 버티는 저력이 맹목적 고집으로 변하면 현실에서 그 어떤 성장이나 발전을 도모하지 않게 된다. 정신적 귀차니즘이 발동하면 무모하리만치 자기 함몰에 빠져 허송세월하는 아킬레스건을 지녔다. 그러나 정말 치명적인 문제는 주변에서 아무리 그 점을 일깨워줘도 정작 9번은 그런 사실을 인식하지 못한다는 사실이다. 어떤 상황도 버텨내는 저력이 인생 전반을 뭉개는 귀차니즘 혹은 고집불통으로 전환될 수 있다.

2부 유형별 운명전환 성공법

9번 운명전환 여정

입문: 자신만의 속도로
꾸준히 할 수 있는 일을 선택한다

9번은 직관형 중 안팎으로 쓰는 에너지의 힘이 동일한 유형으로서 자신들의 욕구를 최소화하여 끝까지 버티는 것으로 이 세상을 이기려 든다. 하지만 평상시 9번은 (자신들도 의식하지 못한 채) 스스로 욕망을 최소화하기 때문에 대개는 타인의 요구에 순순히 응하며 자신들이 착하고 순하다고만 생각한다. 9번이 이처럼 자신들의 욕구를 최소화하면서까지 타인의 요구에 부응하는 내적 이유는 불필요한 갈등을 회피하며 끝까지 버텨 결국은 자신들이 최후의 승자가 되고 싶은 직관형 특유의 욕망 때문이다.

9번은 평상시에는 자기 안에 억눌린 욕망이 크다는 사실조차 인식하지 못하고 늘 양보하고 타협하며 살 가능성이 크다. 이들이 운명전환을 마주하면 처음에는 하고 싶은 일이 그다지 없거나 혹은 모르겠다는 반응을 보인다. 그러나 정작 운명전환 여정에 들어서면, 기존에 하던 일들을 하나도 포기하고 싶어 하지 않는다. 그러면서 새로운 일도 닥치는데, 해보고 싶은 과한 욕심을 드러내며 자신들이 생각하기에 생존에 필요한 다른 많은 일까지 잔뜩 끌어안기 때문에 발걸음도 무겁고 느릿느릿 입문에 들어선다.

일단 운명을 전환하고자 천복을 찾기 시작하면 자신도 놀랄 만큼 하고 싶은 일들이 많아지는 특성이 있다. 스케일이 큰 직관형인데 오히려 자신들의 욕구를 최대한 억누르고 살아왔기에 마음속에 묻어둔 하고 싶은 일들이 누구보다 많아서다. 그런 만큼, 천복을 찾기 위한 첫 번째 단계는 스스로 '욕망해도 괜찮아'를 이야기해주는 일이다. 지금까지 자신들의 욕구를 늘 뒷전으로 미루며 살아온 9번이기에 때로는 점심 메뉴를 고르는 아주 간단한 일조차 늘 타인의 결정에 따랐을지도 모른다(그런 만큼 사실 속으로 원하는 일은 그 어떤 유형보다 많고 강하다). 그렇게 욕구를 풀어놓으면 대개 9번은 그중에서도 변화에 빨리빨리 대응하기보다는 특유의 느긋함을 발휘해 사람들과 경쟁하기보다는 함께 갈 수 있는 일을 선호한다. 특이한 점은, 9번의 경우 워낙 오랜 세월 자신들이 하고 싶은 일을 마음속 깊이 묻어두고 살아와서인지 일단 욕망보따리를 풀어놓기 시작하면 다른 유형처럼 천복을 일반화하기보다는 하고 싶은 일의 종류나 특성이 매우 다양하게 표출된다. 그러므로 9번에게는 자신의 욕구를 솔직히 만나는 일이 천복 찾기의 관건이다.

입문에 들어서면 9번은 (자신들도 인식하지 못하며) 기존에 하던 일 중 그 어느 것도 빼지 않고 새로 찾은 천복까지 포함해 모든 것을 끌어안고 가려 한다(그러면서 자신들은 이 모든 일을 다 할 수 있다고 철석같이 믿는다). 표면으로 드러나는 욕구는 최소화하면서 살아오지만, 그런 만큼 내적으로 쌓인 욕심은 많아서 흔히 '꿍꿍이를 모르겠다' 혹은 '꿍심이 많다'고 표현되기도 한다. 그러나 운명을 전환하려면 일정 기간은 반드시 우선순위를 정해서 한 가지 천복에 집중해야 한다. 그렇지 않으면 한 가지도 포기하지 않고 '모든 것을 다 선택'하려는 그간의 억눌린 내적 욕망은 큰 장해요소가 될 수 있다. 만약을 대비해 모든 걸 움켜쥐려던 손에서 힘을 빼고 우선순위를 정해 더 가벼운 발걸음으로 입문에 들어서면, 9번이 그토록 원하던 조화롭고 평화로운 길은 훨씬 가까워질 것이다.

심연 통과: 하고 싶은 수많은 것 중
하나 선택하기

입문부터 완벽을 기하려는 1번과는 달리 숨겨진 욕구가 분출되기만 하면 이것저것 다 해보고 싶은 9번은 입문을 주저하지 않는다. 오히려 그간 억눌렀던 수많은 하고 싶은 일들과 기타 다른 일들까지 모두 움켜쥐고 들어서는 것이 문제일 뿐이다. 그런 만큼 9번은 상대적으로 심연 기간에 오래 머무르는 성향을 보이는데 그 이유 또한 다양하다.

우선 하고 싶은 일이 많다 보니 어느 하나를 선택하고 집중해 필살기 수준으로 만들어내지 못한다. 이 일을 하다 보면 저 일이 중요해 보이고, 저 일을 하다 보면 다시 또 다른 일이 커 보인다. 한마디로 남의 손에 있는 떡이 커 보인다는 속담처럼 현재 자신이 하는 일에 집중하지 못한다. 억눌린 욕구가 분출해 과하게 표출되는 현상이다. 늘 마음속으로 여러 욕망을 다 실현하는 세상을 꿈꾸지만 현실은 그렇지 못해 위축되어 결국 자기함몰에 빠져버리는 치명적인 아킬레스건이 있다. 그러면 어느 순간부터는 슬그머니 9번 특유의 정신적, 신체적 귀차니즘이 발동해 모든 시도를 포기하고 제자리에 주저앉아 아무 일도 하지 않는 버티기 상태로 들어간다. 일단 이런 상태가 시작되면 이 세상 그 누구의 조언이나 충고에도 꿈쩍하지 않는 천하의 고집불통이 되어 심연 어두운 계곡에 언제까지나 주저앉아 있으려 드는 최대의 위기상황을 자초한다.

9번이 심연 기간을 통과하려면 여러 가지 하고 싶은 일 가운데 하나를 선택하는 것이 중요하다. 다음으로 하나의 천복에 집중하되, 천복이 필살기가 되기까지는 여러 단계가 필요하다는 사실을 스스로 주지시킬 필요가 있다. 9번 역시 직관형답게 하나의 목표를 설정하면 한순간에 이루려 하는 성향이 강하기 때문이다. 정리하면 수많은 욕망을 손에 쥐고 제자리에 앉아 뭉개고만 있을 건지, 아니면 그중 하나를 천복으로 선택해 느리더라도 특유의 저력을 발휘해 끝내는 필살기 수준으로 연마해내고 말지, 9번의 심연 통과에서 핵심 열쇠다.

재탄생: 부드러운 카리스마 발휘

9번이 힘들고 길게만 느껴지는 심연 기간을 통과하고 날아오른다면 그 어떤 유형보다 멋지게 재탄생한다. 9번은 직관형 중에서도 주변 사람들과 조화를 이루어 함께 성장하는 것을 선호하는 장점을 지닌 유형이다. 특유의 낙천성과 부드러움을 앞세워 주변 사람들과 함께하는 성장을 도모한다면, 이들의 평화주의적 장점은 부드러운 카리스마로 발전해 세상에서 큰 날개를 펼칠 수 있다.

다만 9번이 부드러운 카리스마를 발전시키기 위해서는

혼자 하는 일이나 함께하는 일에서 상황에 따라 단호하게 결단력을 발휘할 필요가 있다. 9번은 출중한 필살기를 갖추고도 막상 현실로 돌아오면 여전히 갈등을 회피하고 모든 걸 다 포용하고 싶어 하는 느긋함 때문에 결단이 필요한 순간 결단하지 못하고 '선택하지 않는 것을 선택'할 가능성이 많다. 작은 일에서부터 9번이 단호한 결단력을 발휘하게 되면 그때 비로소 자신들이 늘 바라던 주변 사람들과 다 함께 조화롭게 성장하는 부드러운 카리스마를 펼칠 수 있을 것이다.

성공적인 운명전환을 위한 처방전

욕망해도 괜찮아

9번이 입문에 들어서 자신의 천복을 찾기 위해서는 그동안 내면 깊숙이 쌓아둔 욕망을 마주하고 인정하도록 한다. 직관형으로서 누구보다 다양한 욕망을 가졌지만 스스로 인식하지 못한다. 현실에서는 반대로 욕망을 최소화해 오래 버티기로 승부를 보는 스타일이다. 그러나 9번에게 '욕망해도 괜찮아'라고 말하면 처음에는 힘들어할 수 있다. 너무 오랜 기간 순둥이 혹은 평화주의자로 살면서 자신의 욕망에 낯설기도 하고 조금 더 나아가면 죄책감을 지니기도 한다. 시작은 가볍게 일상에서 원하는 소소한 바람을 적어보자. 점심 메뉴를 정할 때조차 '아무거나'라며 타인에게 맞추며 살아온 자신을 발견하게 될 것이다. 그렇게 아주 작은 일, 소소한 한 가지부터 '선택하지 않은 것을 선택하는' 습관을 내려놓고 자신의 욕망에 귀 기울이는 연습을 하자. 그러다 보면 어느 순간 아주 오랜 세월 내면에 깊이 묻어두기만 했던 하고 싶은 수많은 일들이 봇물 터지듯 나올 것이다. 하루 한 가지씩, 소소한 일에서부터 자신이 원하는 일을 적극적으로 들어주자.

선택과 집중 그리고 실행

9번이 가장 극복하기 어려운 기질적 아킬레스건이자, 그로 인해 타 유형보다 심연 기간에 오래 머무르거나 그대로 주저앉아버리는 가장 큰 이유는 자기함몰이다. 9번은 알게 모르게 자신의 욕구를 최소화한 채 지내왔기 때문에 일단 욕망 상자가 열리면 하고 싶은 일이 엄청나게 많이 쏟아져 나온다. 그러면서 한 가지 천복만을 선택해 입문하지 않고, 이것저것 다 움켜쥐고 입문해 심연 기간에도 모든 것을 움켜만 쥐고 그대로 주저앉아 정체된 모습을 보이는 경향이 강하다. 무엇보다 문제가 되는 것은 바로 9번 스스로 자신들이 많은 것을 욕심내어 움켜만 쥐고 정작 현실에선 어느 하나도 필살기로 갈고닦지 못한다는 사실을 인식하지 못한다는 사실이다. 바로 9번의 치명적인 아킬레스건, 자기함몰이다.

9번은 우선 욕심껏 움켜쥔 손가락을 좀 펼 필요가 있다. '욕망해도 괜찮다'며 자신을 위로하며 입문에 들어섰다면, 반대로 심연 기간에 가장 먼저 할 일은 이제 뒤늦게 튀어나온 수많은 욕망 중 하나를 선택하고 당분간은 오직 그 하나에만 집중한다. 9번 역시 직관형답게 스케일이 크다 보니 한 번에 여러 가지 일을 이루려 하고, 그 모든 것을 한 방에 다 잘하고 싶은 욕심까지 부린다. 이것이야말로 9번이 아무리 오랜 시간이 흘러도 정작 현실에서는 아무것도 이루지 못하고 언제까지 정체되는 가장 큰 요인이다. 이젠 하고 싶은 일 중 딱 하나를 선택해 현실에서 실질적인 필살기가 될 때까지 거기에만 집중하자. 한 가지를 선택해 집중적으로 실행하는 순간, 9번의 오랜 정체는 끝이 나고 비로소 하나를 이뤄내는 저력으로 변한다.

다소 길고 지난한 심연 기간을 거쳐 재탄생을 맞이하면 특유의 뚝심을 장점으로 지닌 9번은 드디어 커다란 날개를 펴고 부드럽게 날아오른다. 워낙 천성이 인내심이 강한 유형인데 여기에 자신만의 고유한 필살기를 갖추면 그때부터는 세상에 휘둘리지 않고 크고 부드러운 날갯짓을 하며 자신만의 세상을 만들어낸다. 게다가 천성이 홀로 가는 것보다는 함께 가는 것을 선호하는 유형인 만큼, 재탄생 단계에서도 혼자보다는 타인과 함께 성장하는 것을 지향하고, 사람들 또한 느긋하고 부드러운 성격에 끌려 9번과 함께하는 것을 좋아한다. 다만 지나치게 갈등을 회피하고 모든 것을 수용하는 태도는 9번이 원하는 함께하는 삶의 질서를 무너뜨리고 오히려 불협화음을 가져올 수도 있다. 갈등상황이 유발되었을 때 예전처럼 수수방관하지 말고 자발적으로 개입해 특유의 부드러움으로 중재해보자. 필요하다면 과감히 문제를 해결할 결단력을 발휘해보자. 이렇게 몇 번 적극적으로 행동하다 보면 9번의 갈등회피와 뚝심이 서로 어우러져 부드러운 카리스마로 발전한다. 평소 원하는 조화를 이루며 공존하는 평화로운 삶이 실현될 수 있다.

02

사고형(머리형)

7번: 고통 회피 낙천주의자
5번: 인색한 은둔자
6번: 우유부단 공동체수호자

사고형은 세상을 '불안한 곳'으로 보고 가장 안전한 방법을 강구하는 데 '생각 에너지'를 많이 쓴다. 흔히 사고형은 머리가 똑똑하고 스마트하다고 생각하기 쉽다. 물론 그러한 부분도 있지만 그보다는 말 그대로 어떤 일에 직면했을 때 결정하기까지 생각이 많은 유형이다. 한마디로 세상을 불안한 곳으로 인식하기 때문에, 늘 머릿속으로 이런저런 생각을 하며 안전책을 모색하느라, 상대적으로 행동으로 옮기기까지 시간이 많이 필요하다.

불안정하고 불확실한 삶에서 늘 안전한 것을 찾다보니 이들은 다른 유형에 비해 사회적 기준에 나를 맞추거나 타인의 시선을 지나치게 의식한다. 사회적 룰에서 크게 벗어나지 않아야 내 일신이 평안하고 안전하다는 생각에 사회적 눈치를 많이 본다. 사고형은 지위나 위치 등을 통해 사회적으로 소속되고 인정받는 일을 매우 중요하게 여긴다.

사고형 중에서도 에너지의 흐름에 따라 안전함을 추구하는 방식이 다르다. 에너지를 외부로 쓰는 외향형인 7번은 이 세상 모든 것을 '경험'해보고 그중에서 가장 안전한 방법을 찾으려 한다. 반면 에너지를 내부로 쓰는 내향형 5번은 이 세상 모든 '지식'을 알아서 그중에서 가장 안전한 길을 찾으려 한다. 그런가 하면 외부로 향한 에너지와 내부로 쓰는 에너지가 동일하게 팽팽히 맞서는 6번은 자신을 둘러싼 '주변 사람들의 생각을 파악'해 그중 대세를 따르는 것이 가장 안전하다고 생각한다(유형에 상관없이 사고형들은 기본적으로 어떤 일을 대할 때 그와 연관된 정보수집부터 하려 드는 경향이 강하다).

그러다 보니 7번은 사고형이지만 생각한 것을 즉흥적으로 시도해보면서 세상을 향해 끝없는 호기심을 펼친다. 비교적 밝고 긍정적인 에너지를 분출한다. 반대로 5번은 모든 것을 알아야 하는 만큼 끝없이 세상에서 한 걸음 떨어져 자신만의 지적 세상을 만들고 그곳에 은둔하는 경향을 보인다. 그런가 하면 6번은 7번처럼 통통 튀지는 않지만, 그렇다고 5번처럼 세상에서 한 발 물러나지 않고 주변 사람들과 적당히 거리를 유지하면서 타인을 관찰해 대세를 따르는 중간자적 입장을 고수한다.

에너지를 어느 방향으로 쓰는지에 상관없이 사고형의 공통점은 세상을 불안한 곳으로 인식하고 자신들 특유의 방식으로 가장 안정된 방법을 모색한다는 점이다. 그러므로 번호에 상관없이 대개 관찰자적 입장으로 세상을 바라보는 성향을 보이며, 사람들과 정서적으로 교감하는 능력은 상대적으로 부족한 공통점을 보인다.

7번: 고통 회피 낙천주의자

1988년 7월 15일 대학교 졸업식 날, 어딘가 껄렁한 덱스터와 다분히 자기 주관이 뚜렷한 엠마가 하룻밤 거사를 치를 뻔했으나 서툰 엠마 때문에 분위기가 깨진다. 진지한 관계를 원하지 않는 덱스터는 그냥 친구로 지내자며 선을 긋는다. 그렇게 두 사람이 연인 아닌 친구로 각자의 길을 걷는다. 덱스터는 다소 격이 낮지만 TV 오락 프로그램의 인기 있는 진행자로 커리어를 쌓는 한편 끝없이 여자 친구를 갈아치우며 인생을 즐기는 게 최고라는 식으로 살아간다. 엠마는 세상을 더 나은 곳으로 만들려는 포부와 작가의 꿈을 향해 달려간다.

어느 날 덱스터는 엠마가 너무 진지하고 갑갑한 생활만 한다며 둘만의 여행을 제안한다. 그렇게 엠마는 생애 첫 해외여행을 떠난다. 그래서일까? 분위기에 휩쓸려 엠마는 덱스터를 향한 자신의 마음을 고백하고 덱스터 역시 같은 마음이라고 한다. 단 덱스터는 관심 가는 여자가 엠마 한 사람이 아니라는 것이 문제라며 바로 분위기를 장난스럽게 바꿔버린다. 이렇듯 영화는 처음부터 덱스터보다 더 빨리 두 사람의 운명을 눈치 챈 듯한 엠마의 외사랑과, 본인 역시 엠마에게 끌리는 걸 알지만 어딘가 틀에 갇힌 듯한 엠마가 답답하기도 하고 그 틀에 갇히는 것이 두렵기도 한 덱스터가 엠마의 속을 태우며 시간이 흘러간다.

유명해진 만큼 삶은 더 엉망진창이 된 덱스터를 늘 변함없이 믿어주던 어머니가 좋은 남자가 되어야 한다는 말을 남기고 세상을 떠난다. 덱스터의 삶은 뿌리가 뽑힌 채 엠마에게 더욱 징징댄다. 그러자 우정도 아니고 애정도 아닌 묘한 관계에 지쳐버린 엠마가 드디어 결별을 선언하지만, 둘은 결국 몇 년 뒤 동창생 결혼식에서 재회하며 다신 헤어지지 말자 다짐한다. 하지만 그 순간 덱스터는 엠마에게 청첩장을 내민다. 여전히 철없는 눈빛으로 아이가 생겨 결혼을 하게 됐다는 말과 함께.

그렇게 결혼하고 아빠가 된 덱스터. 이젠 예능계에서 퇴물이 되어 유기농 레스토랑으로 성공한 동창생의 가게에서 새 출발을 시작하지만, 이번엔 아내가 그 동창생과 바람이 나 이혼을 당한다. 그런데 이 대책 없이 철없는 남자, 이번에도 어김없이 자신은 이혼한 지질한 남자에 불과하다며 엠마 치맛자락에 매달린다. 작가로 성공한 엠마는 자신을 사랑하는 남자가 있음에도 덱스터를 향한 마음을 접지 못하고 그를 파트너로 받아준다.

그렇게 호기심 충족만을 좇아 헤매다 엠마 곁에서 이제 막 철들기 시작하는 덱스터. 하지만 인생은 그에게 너무 늦게 철들었다고 야단을 치는 것 같은 엔딩은 충격 그자체였다. 이 영화는 꽤 유명해서, 타이틀을 말하지 않아도 이미 다들 알 것 같다. 너무나도 예쁜 배우, 앤 해서웨이와 철딱서니 없는 역을 천연덕스럽게 잘 소화한 짐 스터겟 주연의 〈원 데이〉다. 마지막 엔딩 때문에 철없는 덱스터가 너무 밉지만, 한 걸음 물러나 생각해보면 사실 현실에서도 종종 만날 수 있을 법한 인물이어서 어쩌면 더 밉고 그래서 더 안쓰럽다.

운을 경영하라

한마디로 7번 유형은…

영화 속 덱스터처럼 '영원한 피터팬' 같은 유형이다. 너무나 밝고 유머가 넘치며 일에서도 재미를 추구하지만 자칫 과하면 진중하지 못하고 철이 없어 존재의 가벼움을 보여준다.

사고형은 이 세상을 불안한 곳으로 인식하고 머릿속으로 끊임없이 가장 안전한 시나리오를 그려보는 유형이다. 그중에서 7번은 에너지를 밖으로 쓰는 외향형이다. 세상 모든 것을 경험하면서 가장 안전한 방법을 모색하는 만큼, 머릿속의 불안을 잠재우려 밖으로 뛰쳐나갔으니 외부에서 굳이 어려운 일, 힘든 일을 경험하기보다는 재미있고 흥미로운 일을 추구하는 건 어찌 보면 당연하다. 표면적으로는 덱스터처럼 늘 밝고 장난기 가득하며 탁월한 유머 감각을 자랑한다.

다만 재미만 추구하며 즉흥적으로 결정하고 행동하거나 혹은 호기심으로 다양한 일을 시도하지만 그중 한 가지도 진득하게 끝내지 못하는 치명적 결함을 보인다. 이 패턴이 반복되면 덱스터처럼 진중해야 할 때도 진중하지 못하거나 나이가 들어서도 어른아이처럼 행동하다 자칫 재미있는 무언가에 중독적으로 빠져들 가능성이 높은 유형이다.

7번 운명전환 여정

입문: 변화를 추구할 수 있는 일을 찾자

7번은 사고형 중 에너지를 외부로 쓰는 외향형으로서, 불안을 해결하기 위해 세상 모든 것을 경험해보고 그중 가장 안전한 방법을 찾으려 한다. 생각도 많지만 반면 호기심이 발동하면 그 즉시 충동적으로 행동에 옮긴다. 과잉생각과 과잉행동이 동시에 일어난다. 7번이 외적으로 위기를 맞으면 좌불안석하며 충동적으로 이런저런 일을 시도하거나 반대로 불안을 잊기 위해 재미를 좇으며 현실 도피 성향을 보인다.

7번이 운명을 전환하려면 무엇보다 먼저 성급하게 위기에서 벗어나고 싶은 조바심과 현실적 괴로움을 피하기 위해 재미만 추구하려는 마음부터 진정시켜야 한다. 차분히 스스로 생각할 시간을 가지면 7번은 사고형으로서 자신의 상황을 직시하고 어디서부터 돌파구를 찾아야 할지 분석하고 판단한다. 특히나 사고형 중에서 충동적이긴 하지만 외적 추진력을 갖춘 유형이다. 자신의 문제점을 분석하기만 하면 그다음 해야 할 일에 대해서도 비교적 빠른 판단력을 보여주며 운명전환 여정에 도전해보겠다는 결정 또한 비교적 손쉽게 내리는 편이다.

일단 인생을 바꿔보겠다고 결정을 내리면, 그동안 왕성한 호기심으로 수많은 경험을 해온 7번은 이미 지나간 경험 속에 천복이 내포되어 있을 가능성이 높다. 다만 호기심에 즉흥적으로 이것저것 찔러보고, 흥미가 식으면 금방 또 다른 일로 옮겨가며 그 어떤 일도 끝까지 완주하는 뒷심이 부족해 결과물을 못 만든 것이다. 혹 지금까지 시도했던 수많은 일이 그저 단순히 재미 삼아 취미 수준에서 해왔던 일들이라면, 그중에서 일로 발전시킬 수 있는 것이 있는지 살펴보자. 요즘 시대에는 취미로 시작해서 자신의 천직으로 바꾸는 것이 가능하다. 특히 7번은 취미처럼 가벼이 흥미를 잃지 않고 계속해서 빠져들 수 있는 일이라면 기질 상 더욱 좋기 때문이다. 만약 지금까지 해왔던 일이 아니라 현재 관심 가는 분야에서 천복을 찾고 싶다면 트렌드를 주도하거나 변화에 따라 계속해서 업그레이드를 시키는 일이면 좋겠다. 7번은 늘 새로운 변화를 수집하는 정보력과 문제 대처 능력이 9가지 유형 중 가장 뛰어나다. 따라서 단순 반복적인 일은 피하고 일에서 늘 변화를 추구할 수 있다면 7번이 천복으로 삼아 입문하기에 기질적으로 가장 적합하다.

다만 입문에 들어서면서 현재 하는 일 중 천복과 관련

되지 않은 수많은 신변잡기적 일들은 가지치기를 하고, 한 가지에 집중할 수 있는 환경을 만드는 것이 필요하다. 대개 7번은 호기심이 왕성해 취미활동을 다양하게 하는 경우가 많다. 수많은 취미활동을 유지하면서도 새로운 삶을 완성해낼 수 있다고 자만하기 쉽다. 하지만 가지치기는 필수로서 당분간 오직 천복에만 집중한다. 인생을 늘 재미와 호기심으로만 대해왔다면 이제 분산된 에너지를 정리하고 진지한 자세로 입문을 시작해보자. 일단 전환에 성공하면 7번이 늘 꿈꾸던 변화무쌍한 삶을 자기주도적으로 살 수 있다.

심연 통과: 자기합리화만 하지 말고 스스로를 설득하라

7번은 호기심이 많은 만큼 아이디어도 풍부해 입문 과정을 그다지 어려워하지 않는다. 오히려 호기심에 입문단계는 쉽게 뛰어들지만, 그만큼 심연 단계를 통과하는 경우는 다른 유형보다 드물다. 진득하게 창조적 고독의 시간을 보내야 하는 심연 단계가 7번에게 어렵기 때문이다.

심연 기간에 들어선 7번은 천복이 아닌 또 다른 재미를 찾아 뛰쳐나가는 인내력 약한 모습을 보이기 일쑤다. 7번의 아킬레스건은 이때 나타난다. 이런 상황을 스스로 합리화하는 것이다. 이것은 7번이 지금까지 살면서 그토록 많은 일을 시도하고 포기하는 악순환을 이어오는 원인이다. 예를 들어 직관형은 세상을 이기고 지는 것으로 보는 만큼, 한 번 자신들이 하고자 하는 일을 포기하면 그 또한 '포기=지는 것'이 되어 어지간해서는 일단 입문에 들어서면 중도에 포기하지 않고 버틴다. 반면 생각이 많은 사고형 중 외향적인 7번은 심연 기간 중 어려움에 부딪히거나 조금만 흥미를 잃어버리면 그 즉시 뛰어난 사고력을 발휘해 지금 하는 일을 중단해야 할 자기변명을 찾고 포기하는 것을 합리화한다. 탁월한 생각이 아킬레스건이 되는 순간이다.

만약 7번이 이러한 자기변명에 뛰어나지 않다면, 설혹 재미를 추구하고 싶은 유혹에 빠져 잠시 뛰쳐나가거나 어려움에 부딪혀 인내력을 잃어버리더라도 다른 유형처럼 다시 제자리로 어떻게든 돌아오려 하겠지만, 7번은 뛰쳐나가면서 이미 자신은 그래도 된다고 충분히 자기합리화하기 때문에 절대 인내하지 않는다. 그러면서 한두 번 포기하는 일이 반복되면 자신도 모르는 사이에 아주 작은 일도 견디지 못하고 재미만 추구하게 된다.

7번이 그들 특유의 호기심을 살려 자신의 분야에서 주도권을 잡고 늘 변화를 추구하는 주체적 삶을 살기 위해서는 심연 기간 중 뛰쳐나갈 이유를 그럴싸하게 만들어 내는 것이 아니라 당분간 전문성을 갈고닦을 이유를 자신에게 설득하는 게 필요하다. 아무리 행동이 가볍고 진중하지 못한 약점을 지녔지만, 7번 역시 객관적 분석과 생각이 뛰어난 사고형인 만큼, 한 걸음만 물러서서 생각하면 누구보다 스스로 자신을 설득할 사고력을 지니고 있다. 뛰어난 사고력으로 스스로 포기할 변명거리를 줄 것이냐 자신을 설득할 것이냐, 7번의 심연 통과 열쇠다.

재탄생: 작은 승리를 쌓아나간다

사고형 중 외향형인 7번은 일단 자신의 천복이 필살기 수준에 도달하면 사고형 중에서는 가장 먼저 세상에 도전해보려고 행동에 옮기는 유형이다. 다만 뚝심 있는 직관형과 달리 7번 역시 사고형인 만큼 한껏 뛰쳐나가서는 사회가 어떤 반응을 보이는지 엄청 눈치를 살피기 시작한다. 즉 시원하게 날아올랐지만, 그다음부터는 세상 반응에 따라 잠시 날았다가 다시 바닷가 근처로 몸을 낮추어 날다가 반응이 괜찮으면 다시 조금 높이 날아오르기를 반복하는 조금은 자기 확신이 부족한 모습을 보인다.

7번이 필살기를 갖추고 다시 세상에 나아가기 전에 반

드시 기억해야 할 사항이 있다. 바로 작은 승리를 쌓아가는 일이다. 7번 유형의 가장 큰 장점 중 하나가 왕성한 호기심에 이어 밝고 명랑한 긍정성이다. 다만 사고형 특유의 불안감 때문에 세상에서 무언가를 시도하고 도전할 때 자신도 모르게 자꾸 사회적 시선을 의식하며 살짝 움츠러드는 경향이 있다. 그러므로 자신 안에 필살기가 충분히 쌓였고 이제 1,000미터 완주를 목표로 한다면, 한 번에 1,000미터를 뛰려 하지 말고, 100미터씩 10번에 끊어 작은 승리를 쌓아간다. 그때마다 특유의 긍정성으로 자신을 칭찬해준다. 다음 100미터도 잘할 수 있다고 용기도 북돋워준다. 그럼 재탄생을 위해 세상에 다시 나아갈 때 이전처럼 세상에 휘둘리지 않고 즐겁고 편안한 마음으로 자신이 이루고자 하는 1,000미터 완주 목표를 무난히 이룰 수 있다. 즉, 100미터라는 작은 승리를 자꾸 쌓아가다 보면 새로운 목표달성에 대한 7번 특유의 호기심도 계속 유지하면서, 또 다른 장점인 긍정성도 계속해서 커져 근거 있는 자기 확신과 자신감을 갖게 된다. 이제부터 쉽게 포기하던 예전의 7번과는 다른 삶으로 들어선다.

성공적인 운명전환을 위한 처방전

15분간 침묵 명상

7번 유형은 위기를 맞거나 변화를 시도할 때 자칫 성급한 행동을 저지를 가능성이 높다. 무엇보다 먼저 조바심을 내려놓고 고요해질 필요가 있다. 가능한 한 매일 같은 시각에 하루 약 15분이라도 좋으니 아무것도 하지 말고 눈을 감고 차분히 자기 안으로 침잠해 들어가는 연습을 해보자. 물론 이때 주변에 아무도 없고, 아무 소리도 들리지 않는 홀로 있는 시간과 공간이면 가장 좋다. 아마 처음에는 15분은커녕 5분도 길게 느껴지거나 머릿속에서 엄청난 잡념들이 들끓으며 뛰쳐나가고 싶은 충동을 느낄지도 모른다. 그런 만큼, 일단 매일 15분 정도 홀로 고요히 침묵할 수 있다면, 자신의 천복을 만나고 아킬레스건을 극복할 힘을 충분히 기를 수 있다.

자기설득 글쓰기

7번의 인생에서 가장 큰 아킬레스건은 여러 가지 시도는 많이 하지만 어려운 고비를 넘기지 못하고 쉽게 포기해버려 어느 한 가지도 끝장을 보지 못한다는 사실이다. 이제 15분 정도 차분히 앉아 고요히 생각할 수 있다면 심연 기간 동안 시도는 했으나 이루지 못한 일들과 그 이유를 솔직히 적어보자. 특히 어려움에 처해 뛰쳐나가고 싶은 유혹을 느낄 때 효과적이다. 이 과정에서 지난날 스스로 행한 수없는 핑계와 변명을 대면하고 솔직히 인정할 수 있다면, 이제야말로 사고형 특유의 생각 에너지를 발휘해 자기합리화를 멈출 수 있다(그러나 고통을 회피하려는 7번 성향 상 하루아침에 인정하는 것은 어렵다. 한 번에 하지 못한다고 실망할 필요는 없다).

7번이 자기변명을 솔직히 인정하면, 비로소 자기설득이 가능해진다. 이때 역시 단순히 말로 하는 것보다 글로 쓰다 보면 사고력이 뛰어난 7번은 그 과정에서 객관성을 찾아 자신을 설득하기가 훨씬 쉬워진다. 그리고 이 지점이 7번에게는 운명이 바뀌는 진정한 터닝포인트가 된다(단 컴퓨터를 켠 순간 다시 옆길로 빠질 가능성이 매우 높은 만큼 반드시 손으로 글을 쓴다).

작은 승리가 큰 승리로 이어진다

재탄생에 앞서 다시 한 번 자신이 이루고 싶거나 도달하고 싶은 1,000미터 지점의 목표를 글로 적어본다. 그런 후, 그 목표를 이루기 위해 거쳐야 할 작은 목표들을 정하여 '작은 승리'라고 이름 붙이고 그림이나 도표로 만들어 본다. 그리고 단계별로 자신에게 어떤 상을 줄 것인지를 정한다. 자기와 즐거운 게임을 하는 것이다. 그렇게 하나 씩 작은 승리를 이룰 때마다, 스스로 상을 주고 칭찬도 해 주며 계속해서 놀이하듯 재미를 잃지 않고 앞으로 나아 가자.

그러면 자신도 모르는 사이에 7번 최대 장점 중 하나인 긍정성이 서서히 자기 확신이란 강점으로 깊어지며 더는 세상의 눈치를 보지 않고 자신감을 갖고 자신의 일을 밀 고 나아갈 수 있게 된다. 더 이상 중도 포기 없이 7번 특 유의 밝고 즐거운 일을 지속할 수 있는 힘이 생긴 것이다.

일본영화 〈행복한 사전〉은 그야말로 일본인들의 장인 정신을 잘 보여준 한 편의 영화다. 1995년에 시작해 자그마치 15년에 걸쳐 『대도해』라는 한 권의 사전을 편찬하다니, 정말이지 믿기 어려운 일이 아닐 수 없다. 과연 누가 이런 일을 할 수 있을까. 그런데 그 일에 아주 적격이다 못해 마치 그런 일을 위해 태어난 것 같은 사람이 있었으니 다름 아닌 남자 주인공 마지메다.

두꺼운 안경을 끼고, 이야기할 때 상대와 눈도 잘 마주치지 못하는 마지메. 밥을 먹어도 늘 책을 끼고 앉아 혼자 밥을 먹는다. 얼핏 봐도 지적이지만 사교성은 좀 떨어지는 모습이다. 마치 골방의 학자가 햇빛 아래 나온 모습이라고나 할까? 걸음걸이도 뒤에서 보면 영락없이 기운 없는 노인의 모습이다. 대학원에서 언어학을 전공한 마지메. 출판사 영업부에 취직했지만, 영업 성적이 저조하고 동료들과 잘 어울리지도 못하고 늘 외톨이다. 그런가 하면 10년째 하숙집도 옮기지 않고 한곳에 붙박이로 있는데, 집에 가도 삼 면이 온통 책으로 빼곡히 둘러싸인 공간에서 늘 홀로 조용히 자신만의 삶을 살아간다. 마치 이 세상에서 자신에게 필요한 건 최소한의 공기와 소박한 밥상 그리고 책이 전부라는 듯.

어느 날, 출판사 뒷방부서인 사전편집부에 공석이 생기자, 영업부의 골치였던 마지메는 전격 스카우트(?)를 당하는 영광을 누리며 사전편집부에 끌려온다. 안 그래도 사람들과 어울리기보다 혼자 책 읽고, 혼자 밥 먹으며, 자신만의 세계에서 조용히 사는 것을 좋아하는 마지메에게 사전편찬 작업은 그야말로 일생의 천직이요 물고기가 물을 만난 것과 같았다. 온종일 단어에 코를 박고 수집하고, 정리하고, 편집한다. 부서 선배인 쾌남아 마사시는 좀이 쑤셔 견딜 수 없지만, 마지메에겐 빠져들고 또 빠져들어도 힘든 줄 모르는 일이다.

결국 그렸기에 10년이 넘는 긴 세월 동안 자신만의 세계에 틀어박혀 한결같이 오직 단어를 수집하고, 해석하고, 풀이하고, 정리하며 이 엄청난 일을 완성해낸다. 드디어 사전이 세상과 만나던 날, 그는 변함없이 주머니에서 단어수집 카드를 꺼내며 "이제부터 개정작업에 들어가야죠"라고 말한다. 자신이 선택한 세계에 집중하고 몰두하니 마음은 그렇지 않지만 늘 사람들과 어느 정도 거리감을 두고 산다. 어딘가 자기표현에 서툴고 사교성도 떨어진다. 그러나 그런 유형이기에 중도에 포기하지 않고 엄청난 단어의 바다를 건너는 일인 '대도해 사전편찬작업'을 이루어냈다는 일본영화 〈행복한 사전〉. 주인공 캐릭터만큼이나 겉으로 드러나는 드라마틱한 스토리 전개는 없지만 고요한 성품 안에 누구보다 자신의 일에 대한 강인한 신념과 끈기를 지닌 주인공이 오래 기억에 남는다.

한마디로 5번 유형은…

〈행복한 사전〉의 마지메처럼 자신이 좋아하는 일이라면 (특히 지적 분야에서) 오랜 세월 끈기 있게 해내지만 그사이 주변 사람들과의 관계는 무심할 수 있는 자발적 은둔형 스타일이다.

사고형은 이 세상을 불안한 곳으로 인식하고 머릿속으로 끊임없이 가장 안전한 시나리오를 그린다. 그중에서 에너지를 내부로 쓰는 5번은 자신만의 동굴에 은둔하며 세상 모든 지식을 관찰하고 알아내 그중에서 가장 안전한 방법을 모색하는 유형이다. 현실 속에서 불필요한 일은 가능한 한 최소한으로 줄이고 사람들과도 긴밀한 관계를 형성하기보다는 거리를 두고 관찰자적 입장을 지닌다. 매사 나서기보다는 지켜보거나 듣는 자의 입장이다. 언제, 어디서나 있는 듯 없는 듯 공기처럼 조용히 자신을 드러내지 않고 지내는 편이다.

5번이 사고형 특유의 장점을 앞세워 과학이나 철학처럼 고도의 지적 활동을 필요로 하는 일에 종사한다면 일상의 소소한 일과 주변 사람들도 잊은 채 몰두해 해당 분야에서 탁월한 업적을 남길 수 있다. 그런가 하면 사회적으로 생산성이 없는 일이라 할지라도 5번이 한 번 지적 호기심을 느끼는 일이라면 가히 오타쿠 수준에 버금갈 정도로 빠져든다. 어느 쪽이든 한 분야에 지적 탐구심으로 빠져드는 능력만큼은 타의 추종을 불허한다. 다만 대부분 5번은 자신의 세계에만 너무 몰입하기 때문에 현실성이나 일상에서의 실행력이 현저히 떨어진다. 주변 사람들과의 소통이나 정서적 교감능력이 매우 서투르다. 그러나 정작 문제는 5번이 자신들의 정신세계에서 자발적으로 은둔하기 때문에 현실에서의 추진력이 떨어지거나 관계적으로 사회성이 떨어진다는 사실을 인식하지 못하거나 인정하려 들지 않는 점이다.

5번 운명전환 여정

5번은 사고형 중 에너지를 내부로 쓰는 내향형이다. 불안을 해결하기 위해 세상에서 한 걸음 물러나 모든 것을 지식적으로 알아서 그중에서 가장 안전한 방법을 찾으려 한다. 가능한 한 세상에서 한 걸음 물러나 자신만의 세계에서 홀로 고요히 생각하는 것을 즐기지만, 행동은 최소화하는 유형이다. 그런 5번이 외적으로 위기를 맞으면 불안감이 증폭해 더욱더 안으로 움츠러든다. 그 안에서 안전책을 도모하며 자칫 은둔자처럼 세상과 이전보다 더 높은 담을 쌓고 스스로 고립되거나 심지어 타인과의 관계에서 더욱 멀어지면서 사회성이 떨어지는 모습을 보여준다.

5번이 운명을 전환하기 위해서는 위기가 찾아왔을 때 자꾸 뒤로 물러서기만 할 것이 아니라 위기를 대면하고 그것을 현실로 인식해야 한다. 즉 5번은 인생을 살면서 문제가 발생하거나 변화가 필요한 시점이 되면, 정면으로 마주하고 해결하려 들기보다는 현실로부터 거리를 두고 자신의 세계에 틀어박혀 문제를 외면함으로써 불안을 잠재우려는 경향이 강하다. 그러나 자기 안으로 도망치려는 마음을 잠시 붙잡아 현실을 마주하기 시작하면, 사고형 특유의 뛰어난 분석력과 내향형 특유의 진중함으로 자신 앞의 어려움이나 위기를 그 누구보다 객관적으로 분석하고 나아갈 바를 정하여 과감히 운명전환 여정을 결정한다. 7번이 쉽게 결정하고 중도에 많이 포기하는 것과 달리 5번은 입문을 결정하기까지는 다소 시간이 걸리지만, 일단 한 번 입문을 결정하면 끝까지 흔들림 없이 여정을 완주하는 끈기있는 유형이다.

일단 입문을 결정했다면 이제 어린 시절부터 자신이 지적으로 가장 끌렸던 분야가 무엇인지를 생각하며 천복 찾기를 시작해보자. 5번은 성향 상 아무래도 활발하게 뛰어다니며 외부로 에너지를 많이 분출하는 일이나 늘 변화를 추구하고 트렌드를 주도하며 단기간에 성과를 내는 일보다는, 혼자든 팀 내에서든 하나의 주제를 잡고 맡은 분야에서 꾸준히 장기적으로 탐구하여 완성도 높은 결과물을 내는 일을 가장 잘할 수 있는 장거리 주자들이다. 육상 경기로 치면 100미터 단거리 경기가 아닌 전형적인 마라톤 선수다. 그러므로 자신 안에서 어느 분야가 되었든 '지적 마라톤'을 펼칠 수 있는 일을 발견할 수 있다면, 아마 5번이야말로 우리나라가 가장 약한 기초학문분야에서도 노벨상을 기대해볼 만한 지적 탐구심과 끈기를 지닌 유형이다. 어떤 면에서 5번은 그동안 양적 성장만을 중요시했던 우리 사회에서 그다지 주목받지 못하거나 심하게는 남성의 경우 더 적극적이고 활발한 외향적 기질을 가져야 한다고 강요받으며 가치를 인정받지 못한 유형이다. 이제라도 자신이 가장 좋아하고 잘할 수 있는 지적 탐구 분야 중 하나를 선택해 파고든다면, 그 한 가지 분야에서만큼은 타의 추종을 불허하는 전문가로의 운명 전환도 기대해볼 만하다. 그러면 5번이 가장 원하는 것처럼 아무리 발 빠르게 변하는 세상이라도 그에 의해 크게 휘둘리는 것이 아니라 현실에서도 자신들만의 세계를 구축해 안전하게 살아갈 수 있으니 무엇보다 먼저 용기를 내어 입문을 실행하자.

심연 통과: 세상과 하나의 끈 정도는 이어가자

5번은 입문을 결정하기까지 시간이 걸리지만 일단 끌리는 일을 잡고 필살기가 될 때까지 연마하는 심연 단계는 즐기고 좋아하는 유형이다. 심연 과정에서 포기하거나 실패하는 것이 아니라, 오히려 심연을 너무 즐겨서 영영 자기 창조적 고독의 시간에 머무르려는 것이 더욱 문제가 된다.

5번 역시 세상을 불안한 곳으로 보고 가장 안전한 방법을 추구하는 사고형이지만, 5번은 자기 안으로 깊이 파고들어 지적 탐구를 하며 그 가운데 가장 안전한 길을 모색하려는 유형이다. 나 홀로 자기 창조적 고독의 시간을 견뎌야 하는 심연 단계가 5번에겐 어떤 면에서 세상에서 떨어져 나와 지적 유희를 즐기며 지낼 수 있는 가장 안전한 일이 되는 셈이다. 자신이 알게 된 사실이나 탐구한 결과물 자체가 그들의 안전책이 되는 만큼, 그 결과물을 세상에 드러내고 발표하는 일은 곧 '위험한 일'로 간주하는 경향이 있다. 한 분야에서 전문가 수준에 도달해도 세상으로부터 거리를 두고 자신을 방어하기 위해 자신이 탐구한 결과물을 세상에 드러내거나 나누기 꺼리는 두려움에 발목이 잡혀 현실참여를 멀리하는 아킬레스건에 발목이 잡히기도 한다.

사실 5번은 단지 물질뿐만 아니라 정서 면에서도 최소화를 추구한다. 그렇게 자신에게 필요한 것을 최소화하고 홀로 동굴에 틀어박히는 5번이기에 스스로를 세상에 그 어떤 해를 입히거나 타인에게 피해를 주지 않는다고 생각하며, 타인이나 세상 또한 '그들만의 작은 세상'을 침범하지 않기를 바란다. 또한 자신들이 세상의 위험으로부터 멀리 떨어져 간신히 구축한 그들만의 무언가를 세상과 나누는 것을 엄청 꺼리며, 그것이 지적 탐구의 결과이든 때로는 심지어 물질이나 정서적 교류에서까지도 타인과 주고받는 행위 자체를 점점 더 차단하거나 단절한다. 그렇게 점차 홀로 지내는 것이 최선이라 여기는 '인색한 은둔자'가 되기도 한다.

변화무쌍한 현실 세계에서도 안정적으로 자신들의 전문영역을 구축해 살아가고 싶다면, 심연이란 깊고 어두운 미로 속에 영영 자신을 가두고 싶은 유혹이 느껴지더라도 어떻게든 세상과의 소통 창구 하나는 열어두어야 한다. 5번은 심연 기간에 너무 극단적으로 자신을 세상으로부터 고립시켜 자칫 현실 세계와는 동떨어진 필살기를 만들어낼 가능성도 높다. 현실 세계와 교류하기만 한다면, 사고형 중에서도 탁월한 지적 탐구력으로 누구보다 자신들의 전문분야를 더욱 깊고 완성도 높게 발전시킬 수 있다. 탁월한 전문성을 나 혼자 간직하며 영영 심연세계에 머무를지, 세상과 주고받으며 현실에 참여할지, 5번의 심연 통과 키포인트다.

어느 정도 천복이 필살기 수준에 도달하는 즉시 세상으로 뛰쳐나오고 싶어 하는 7번과는 달리, 5번은 재탄생에서 가장 큰 문제는 심연에 그대로 머물러 있으려는 것이다. 같은 사고형이지만 7번이 필살기가 준비되는 즉시 세상에 뛰어나갔다가 주춤하며 사회적 눈치를 보는 것과는 달리, 5번은 일단 필살기를 갖추고 날아오르기만 하면 더 이상 세상 눈치를 보지 않는다.

필살기가 준비되었는데 여전히 재탄생을 위한 날갯짓이 머뭇거려진다면 현실에서 자신만이 지향하는 목표를 정하고 거기까지 어떻게 도달할지 비행경로를 직접 설계해보자. 5번 유형의 가장 큰 장점 중 하나가 이른바 세속적 성공에 연연하기보다 자신만의 색깔을 내고 싶어 하는 자기 확신이 강하다. 이제 필살기를 갖추었으니 어떤 세계를 구축할지 스스로 선택해본다. 1부 재탄생에서 소개한 헤세처럼 세상 찬사와 비평 그 어느 것에도 흔들리지 않는 자기 확신으로 자신의 세상을 구축해나가다 보면, 5번의 또 하나 장점인 끈기까지 발휘되며 그 어떤 목표에도 도달할 수 있다. 그렇게 자신의 필살기에 자기 확신과 끈기가 점차 강점화되어 5번의 세상이 현실에서 점차 깊고 단단해지면, 이제 더 이상 자신들의 작은 세상에 스스로 고립된 은둔자가 아니라 현실에서도 자신만의 세상을 구축하는 자기 확장을 이루어 새로운 삶으로 전환한다.

성공적인 운명전환을 위한 처방전

현실 직면 글쓰기

5번은 위기를 맞으면 이전보다 더욱더 안으로 움츠러들어 자신들의 동굴로 도망쳐 숨는다. 지금부터 자신들이 가장 좋아하는 방식으로 글을 써보자. 우선 자신이 왜 세상과 거리를 두려는지 그 이유를 써 내려가 보자. 글을 쓰다 보면 5번은 자신들이 뒷걸음치는 이유가 막연한 불안감 때문이라는 점을 확인할 수 있다. 그럼 마음의 긴장이 풀릴 때까지 불안한 이유와 원인에 대해 계속해서 써보자. 이때 가능하면 따뜻한 차 한잔 마시며 편안한 음악을 함께 들어도 좋다.

긴장이 조금 풀렸다면, 계속해서 자신이 관심 있고 탐구하고 싶은 일이나 분야에 대해 글을 써보자. 세상에서

별로 관심을 보이지 않거나 혹은 크게 유행하지 않는 분야라도 좋다. 베르나르 베르베르가 세계적으로 시선을 끌게 된 첫 번째 전문분야가 '개미'였던 것처럼, 5번 또한 딱히 작가가 될 필요는 없지만 이처럼 그저 자신이 끌리는 분야를 마음껏 생각하고 써보는 것이다. 어쩌면 이미 쓰는 것만으로도 마음이 뜨거워지고 생각만 해도 즐겁고 계속 탐구하고 싶은 분야가 떠오를지도 모른다. 5번의 천복 말이다.

정서적 교류

천성적으로 자기 창조적 고독을 즐기는 유형인 만큼 천복이 필살기가 되도록 연마하는 심연 과정 자체는 5번에게 전혀 문제될 일이 없다. 다만 심연에 너무 심취하여 현실에서 너무 멀어지거나 자신이 갈고닦은 필살기를 어떻게 현실과 연결할지 그 실마리를 잊어버리는 경우가 오히려 문제다. 5번은 심연 기간에 가능한 한 자신의 전문분야에 관해 이야기를 나눌 수 있는 한 사람과 전혀 다른 분야의 한 사람을 각각 정해 규칙적으로 만남을 갖자(멘토 같은 이들이어도 좋고, 편한 친구여도 좋다). 그런 후, 만날 때마다 그들과의 만남을 일기처럼 적어보는데, 일에 대한 이야기뿐

만 아니라 그에 대한 자신의 느낌까지도 함께 써보자. 5
번은 사고형 중에서도 본인의 느낌이나 상대방과의 정서
적 교류가 가장 취약한 유형인 만큼 심연 기간에 자신이
믿을 수 있는 사람들과 좋아하는 일에 대한 이야기를 나
누며 천천히 자신의 감성을 만나고 표현하는 연습을 해
본다. 자신이 좋아하는 일을 혼자만 탐구하지 않고, 누군
가 믿을 만한 사람과 나누고 그로 인해 정서적으로도 더
충만해지는 것을 느낄 때, 5번은 세상이 꼭 거리를 둬야
하는 곳이 아니라는 확신을 가지며 동굴 밖으로 걸어 나
올 수 있다. 머릿속 지적 세계에서 살아 있는 현실 세계로
전환이 이루어지는 지점이다.

자기주도적 실행 로드맵

대개 사고형이 사회적 규범이나 시선에 메이는 데 비
해 5번은 자신의 전문분야에서 필살기만 갖추면 그다지
세상에 연연해하지 않는다. 그런 만큼 재탄생에 앞서 자
신들이 현실에서 이루고 싶은 목표와 그에 도달하기 위
한 로드맵을 만들어보자. 지금까지 5번이 세상에서 자꾸
뒤로 물러선 이유는 자신만의 전문분야가 부족하거나 설
혹 그것을 갖추었다 하더라도 현실적인 실행 로드맵을

갖추지 못해서였다. 이제는 그동안 갈고닦은 필살기와 심연 기간에 교류를 나눈 이들과의 피드백을 바탕으로 현실에서 자신이 이루고 싶은 목표와 실행 로드맵을 그리면 된다. 어쩌면 5번이 가고자 하는 북극성과 그에 따른 실행 로드맵은 세상에서 흔히 말하는 성공 경로가 아닐 수도 있다. 그러나 그것이야말로 5번의 장점인 자기 확신을 살려 현실 세계에서도 자기다움을 실현하는 길이다. 여기에 특유의 또 다른 장점인 끈기를 강점화하며 한 걸음씩 걸어가면, 5번만의 뿌리 깊은 삶을 가꿔갈 수 있다.

6번: 우유부단 공동체수호자

아르헨티나 하면 가장 먼저 떠오르는 건 역시 탱고와 에비타로 유명한 '에바 페론'뿐이었다. 아직은 많이 낯선 나라의 영화가 2010년 아카데미 외국어 영화상을 받았다고 하니 관심이 갔다. 포스터를 봤을 때, '느낌은 나쁘지 않네' 하는 생각으로 접해본 아르헨티나 영화 〈엘 시크레토: 비밀의 눈동자〉. 이제는 퇴직해 중년이 된 벤야민이 25년 전 법원에서 일하던 시절 일어났던 미모의 젊은 여성 강간살인 사건에 대해 소설을 쓰는 것으로 이야기는 시작된다. 그러면서 함께 떠오르는 인물, 이레네. 사실 벤야민은 그때 그 시절을 함께했던 이레네를 잊지 못해 오랜 시간을 돌고 돌아 이 소설을 쓴다.

1970년대 아르헨티나 수도, 부에노스아이레스. 벤야민은 고등학교 졸업 후 법원의 직원으로 일하던 어느 날 미국 코넬대학교에서 법학 공부를 마치고 돌아온 상사 이레네에게 첫눈에 반한다. 하지만 그녀는 그가 넘볼 수 없는 상류층 집안 출신으로 단 한마디 고백도 하지 못하고 그저 옆에서 보필하는 것이 전부다. 어느 날 스물세 살 미모의 여교사가 강간살인 당하는 사건이 발생하고 벤야민과 이레네는 힘을 합쳐 범인인 고메스를 검거한다. 하지만 종신형을 선고받았던 고메스는 정세가 어지러운 틈을 타, 반정부 게릴라 소탕에 협력하고는 오히려 권력의 앞잡이가 되어 석방된다. 고메스가 자기 대신 벤야민에게 복수할 것을 염려한 이레네는 벤야민을 아무도 모르는 자기 집안의 시골 영지로 빼돌리려 한다. 그러면서 서로 사랑하지만 그때까지 한마디 고백도 못하던 두 사람은 결국 기차역에서 안타까운 이별을 한다.

그렇게 수십 년 지방에서 평범하게 살아가다 이제는 이혼하고 퇴직연금으로 살아가는 벤야민은 그 시절의 이야기를 한 편의 소설로 쓰고 이레네를 찾아간다. 어느새 중년의 검사가 된 이레네, 아이까지 낳고 일에서도 안정된 사다리타기를 하며 살아왔지만, 어딘가 알맹이가 빠

운을 경영하라

진 삶을 살고 있다. 벤야민이 건네준 소설을 읽어 내려가던 그녀, 두 사람이 기차역에서 헤어진 장면에 이르러 무심히 "왜 날 안 데려갔죠?"라고 묻는다. 이 질문에 대한 답을 듣기까지 수십 년이 걸린 두 사람, 참으로 체제순응적인 두 사람이 아닐 수 없다. 한 번쯤 사랑의 도피행각을 벌이거나, 해외로 옮겨가 살 법도 한데, 단 한순간도 자신이 속한 공동체에서 벗어날 생각조차 하지 않았다.

영화가 시작된 후 얼마 뒤부터 A자가 타이핑되지 않는 구식 타자기가 나온다. 무언가 한 가지는 빠져 있는 것 같은 불완전한 인간의 삶을 상징하는 듯하다. 인생의 종착역에 다다라 소설을 쓰는 벤야민은 자신의 노트에 "Te Mo"라고 휘갈겨 쓰는데 한국말로는 "불안하다"라는 뜻이다. 그런 그가, 결국 이레네에게 자신의 마음을 전하러 가면서 Te와 Mo 사이에 A자를 집어넣어, 'Te A Mo'라고 쓴다. 스페인어로 '사랑한다'는 의미다. 단지 한 글자만 채워 넣었을 뿐인데, '불안하다'에서 '사랑한다'가 된다. 이렇게 인생은 하나가 채워져 온전해지기도 한다. 그리고 벤야민은 그 하나를 채우기까지 25년이란 세월이 걸렸다. 공동체라는 거대한 틀에서 끝끝내 자신들의 삶을 찾아가는 개인들의 이야기 〈엘 시크레토〉. 늦가을 삶에 새로운 불을 지피고 싶을 때 보면 좋을 영화라는 생각이 든다.

한마디로 6번 유형은…

영화 속 벤야민처럼 자신이 속한 체제에 절대적으로 순종하며, 사회가 요구하거나 주변 사람들 다수가 걷는 대세를 따르는 '영원한 2인자'로서 안정제일주의의 삶을 지향하는 사람들이다.

사고형은 이 세상을 불안한 곳으로 인식하고 머릿속으로 끊임없이 가장 안전한 시나리오를 그려보는 유형이다. 그중에서 6번은 주변 사람들이 무슨 생각을 하는지를 파악해 대세를 따르는 것으로 가장 안전한 방법을 모색한다. 그런 만큼 6번은 사고형답지 않게 주변 사람들을 잘 챙기거나 매너가 좋기로 유명하다. 그뿐만 아니라 공동체 수호자답게 자신이 맡은 일은 어떤 상황에서도 근면, 성실하게 책임을 다해야 한다고 믿는다. 회사와 같은 조직에서 가장 환영받는 유형 중 하나인 이유다.

그러다 보니 6번은 자신들의 주체성이나 중심 없이 늘 다른 사람들 의견을 따르며 9가지 유형 중 가장 우유부단하다. 사회적 시선이나 기준에 매우 민감해 강자 앞에서는 약한 척하고 약자 앞에선 강한 척하는 이중적 모습을 보이기도 한다. 6번 역시 사고형으로 세상을 불안한 곳으로 보고 머릿속으로 끊임없이 안전한 방법을 모색한다. 특히 안팎으로 쓰는 에너지의 힘이 동일한 6번의 경우 생각으로만 이럴까, 저럴까 하는 고민이 지나쳐 공포로까지 확대되기도 한다. 이럴 경우 같은 6번일지라도 공포에 대항해 공격적으로 행동하는 공포 대항형과 평상시보다 더욱 순종적이 되는 공포 순응형으로 구분된다.

운을 경영하라

6번 운명전환 여정

입문: 의존 성향에서 벗어난다

6번은 사고형 중에서 안팎으로 쓰는 생각 에너지의 힘이 균등한 유형이다. 불안을 해소하기 위해 다른 사람들이 무슨 생각을 하는지를 파악해 그중 가장 안전한 방법을 택하거나 따르는 성향이 있다. 6번이 외적 위기를 맞게 되면 어떤 유형보다 불안해하며 주변 사람들의 의견을 구하거나 여러 가지 경로로 대세를 파악하는 데 많은 시간을 쏟는다. 스스로 어떤 결정이나 결단을 내리지 못하고 누군가 자기 대신 결정을 내려주기를 기다리는 지극히 의존적인 모습을 보여줄 가능성이 매우 크다.

6번이 운명을 전환하기 위해서는 무엇보다 먼저 무조건 남의 이야기를 듣고 대세를 따르려는 의존적인 마음에서 벗어나야 한다. 주식시장에서 개미 투자자들이 남의 뒤를 따르다 손해를 보듯이, 6번 역시 다수가 가는 길만 쫓아서는 늘 뒷북만 치는 삶을 살 위험이 있다. 현대사회에서 확실히 보장되는 것은 없다. 그동안 늘 대세만 따르며 살아온 삶이 오히려 위험할 수도 있다는 사실을 직시하며 자기다운 삶을 살아보고 싶은 간절함을 끌어내어 입문에 들어서자.

일단 인생을 바꾸겠다는 결심이 서면, 찬찬히 자신이 속한 아주 작은 공동체나 모임 혹은 지역사회를 살펴보자. 6번은 안정을 위해 대세를 따르는 성향인 만큼 전통적으로는 군인, 경찰, 공무원, 의사 등 큰 조직의 울타리 안에서 특유의 성실함이나 책임감을 앞세워 일하는 것을 선호하는 공동체 수호자 같은 이들이다. 하지만 현대사회에서는 같은 6번이라도 마을공동체, 비영리단체, 시민단체 혹은 사회적 기업 등과 같이 각자 개성을 살려 자신들이 속한 공동체나 지역사회를 보다 주체적으로 변화, 발전시키는 일을 선호하기도 하고 성향에 맞기도 하다. 어느 쪽이든 6번은 개인보다는 우리 또는 함께 사는 사회와 같은 주제를 갖고 미래사회에서 가장 필요로 하는 휴머니티를 시도할 수 있는 일이 기질적으로는 가장 어울리는 천복이다.

다만 이러한 일을 도모할 때 절대 이제까지처럼 누군가를 전적으로 추종하거나 의존하는 것이 아니라 자신이 끌리는 일과 이슈를 먼저 찾아본다. 아무리 안정을 찾아 대세를 따르는 6번이라고는 하지만, 가만히 들여다보면 관심이 가거나 하고 싶은 분야는 제각각이다. 한 가지 끌리는 분야를 정하면, 이미 그 분야에서 두각을 나타내는 사람이나 단체에 무조건 참여하는 것이 아니라 이번에야 말로 나도 주체가 될 수 있도록 입문에 뛰어들어 실력과 자기중심을 먼저 키운다. 일단 그렇게 홀로서기에 성공하면, 그때부터는 6번이 원하는 다른 이들과 협업을 통해 더 크고, 안정된 사회를 만들어갈 수 있다.

심연 통과: 자기 중심 세우기

같은 사고형이지만 다른 사람들이 생각하는 것을 파악해 대세를 따르려는 6번은, 누군가 옆에서 운명을 바꿔 보겠다고 나서면 자신도 따라 변화를 시도하지만 그렇지 않은 경우에는 입문에서조차 결단을 내리지 못하는 우유부단함을 보인다. 이들이 심연 기간에 들어서면 '이 길이 맞는 건지, 남들은 지금 어떤 길을 걷고 있는지' 등 끝없는 자기의심에 시달리며 다른 사람들에게 촉각을 곤두세우느라 정작 자신의 일에 집중하지 못한다. 시간이 흘러도 늘 제자리를 맴도는 위험에 빠진다. 그러다 불안이나 자기의심을 견디지 못하고 다시 대세를 좇아 결국 유행이 다 지나간 막차에 올라타는 경우가 많다. 이때 6번이 다수를 따르는 가장 큰 이유는 생각은 많지만 스스로 사유하지 않고 늘 타인에게 답을 구하며 자기중심 없이 외부에 끌려다니는 치명적인 아킬레스건을 지녔기 때문이다. 즉 사고형으로서 생각 에너지를 스스로 사유하고 주체적으로 결정하는 데 쓰지 않고, 다른 사람들이 무슨 생각을 하고, 대세가 무엇인지를 파악하는 데 늘 촉각을 곤두세우고, '중간이나 하자'라는 안전제일주의로 살아간다. 그러다 보니 시간이 갈수록 삶이 무개성적으로 펼쳐지고 심지어는 무기력함을 느끼며 '영원한 2인자'처럼 인생 자체가 희미해진다.

6번이 자기의심에 빠져 또다시 다수의 사람이 하는 일을 좇아 뛰쳐나가고 싶을 때는 잠시 불안함을 내려놓고 그동안 대세를 따라 살아오면서 얼마나 성공했고, 얼마나 행복했는지 스스로 물어보자. 사실 6번은 자신들이 한 번 인정한 공동체나 조직에 속하게 되면 누구보다 전체의 규범을 준수하는 성실함과 책임감이 강한 사람들이다. 때로는 그 성실함과 책임감이 도가 지나쳐 자기 생각 없이 무조건적 순종으로 자신의 삶을 황폐화하기도 한다. 타인에게 답을 구하고 싶을 때마다 스스로 묻고, 스스로 답하는 연습을 해보자. 아마 처음에는 매우 힘들겠지만 계속 반복해 연습하면 서서히 사유의 힘이 길러지면서 자신의 생각이나 의견이 뿌리내리기 시작한다. 무조건 대세를 따르는 것이 아니라 내 생각 기르기, 6번의 심연 통과 열쇠다.

재탄생: 수평적 협업을 통해 더 크게 성장한다

늘 대세를 따르느라 자신이 주체가 되어 천복을 필살기로 만드는 심연까지 다소 어려움을 겪을 수 있지만, 일단 필살기를 갖추고 홀로서기에 성공하면 그 어떤 유형보다 현실에서 풍성한 결과를 맺을 수 있다. 다만 재탄생을 위해서 날아오를 때도 6번은 특성상 홀로 단독비행을 하기보다는 함께 추는 군무를 더 즐긴다. 이제야말로 누군가와 협업해 장점을 발휘할 때가 되었다.

6번은 한 분야에서 홀로서기가 되지 않은 상태에서 일을 도모한다면 늘 누군가 시키는 일만 하려 하지만 이제 자신이 주체적으로 선택한 분야에서 홀로서기가 되면 수평적 관계에서 사람들과 협업을 시도할 수 있다. 심지어 항상 주변과 힘겨루기를 하느라 시끄러운 직관형하고도 마찰 없이 큰일을 도모할 수 있다. 게다가 6번 특유의 장점인 성실함과 책임감까지 더해지면 수많은 개인끼리 '흩어, 모여'를 하며 살아가야 할 미래사회에서는 6번이야말로 각자가 속한 사회에서 크고 작은 협업을 해나가며 새로운 시민사회를 만들어가는 주역이 될 수도 있다. 심연 단계에서 뿌리 깊은 자기 철학만 만들어내면 개인이 존중되면서도 공동체의 화합을 이루어낼 수 있는, 조

화로운 사회를 이끌어가는 진정한 공동체 수호자로 성장
할 수 있는 유형이다.

성공적인 운명전환을 위한 처방전

1인칭 시점 찾기

6번은 그 어떤 유형보다 다른 이들의 의견을 많이 구
하고 듣지만, 자신의 이야기에는 귀 기울이지 않는 유형
이다. 자신의 이야기를 들어주지 않으니, 스스로의 인생
에 대한 답조차 늘 다른 사람들로부터 구하려는 의존적
태도를 보인다. 그러다 이런 성향이 심해지면 내 생각, 내
의견이라는 것은 점점 더 사라지며 인생에서 나라는 존
재 자체가 희미해지는 무력감에 빠져들기도 한다. 6번에
게 가장 중요한 것은 어린 시절, 아직 꿈이 있고 하고 싶
은 일들이 있었던 시기로 돌아가 어린 나를 만나 다시 그
아이가 되어보는 일이다. 아무것도 모르고 그저 가슴이
뜨겁기만 했던 사춘기 시절도 좋고, 한참 세상을 향해 이
런저런 고민을 하던 이십 대 청춘 시절도 좋다. 지난날,
내 인생에서 가장 가슴이 뛰고 하고 싶던 일이 많았던 시

절로 돌아가보자. 그리고 1인칭 시점으로 그때 내 마음, 내 열정 그리고 내 생각을 다시 풀어보자(6번에게 어린 시절을 회상하라고 하면 대개 6번은 자신의 과거조차 3인칭 관찰자 시각으로 팩트만 풀어놓으며 주변 정황을 살피는 경향이 강하다). 이렇게 반복적으로 아직 삶에 대해 꿈이 있고 열정이 있었던 시절로 돌아가 그 시점에서 1인칭으로 자신의 이야기를 자꾸 풀어 놓다 보면 아마 지금처럼 늘 타인의 의견에 의존하고 답을 구하는 모습이 아니라, 정말 내면에 숨겨져 있던 주인공인 나를 만날 수 있다.

인문고전 멘토와의 만남

어린 시절로 돌아가 나의 꿈, 내 삶에 대해 어렴풋이나마 설레는 감성을 되찾았다면 이제 어린 시절 위인전을 읽듯이 인문고전 중에서 가장 끌리는 인물의 자서전이나 사상에 대한 책 하나를 선택해보자. 6번이 인생의 아킬레스건인 자기중심을 잡기 위해서는 '내 인생의 영웅'이 꼭 하나 필요하다(단 현존하는 인물은 다시금 그에게만 의존할 위험이 있으니, 한 걸음 떨어져 철학적 뿌리로만 삼을 수 있는 인문고전에서 찾자). 우리에게 익숙한 공자도 좋고, 색다른 노자도 좋다. 사람은 누구나 신을 초월하는 내재한 힘을 지녔다고 한 스피노자도 좋고, 인간 안에는 신을 능가하는 존재로서 초인사상을 주장한 니체도 좋다. 그도 아니면, 기울어가는 조선왕조 500년 끝자락을 꿋꿋이 지키며 자신의 사상체계를 확립한 다산 정약용 선생 같은 분도 좋다. 어느 시대, 어느 인물이라도 내가 가장 끌리는 멘토 같은 이를 인문고전에서 찾아보자.

그렇게 수백 년이 지나도 여전히 등불이 되어 사람들에게 철학과 지혜의 길을 인도하는 '나만의 영웅'을 하나 정해, 매일 그분의 자서전이나 책을 조금씩 읽는다. 단 이때 절대로 정보수집 형태로 책장만 급히 넘기지 말고, 그분이 자신의 사상체계를 확립하기 위해 얼마나 꿋꿋한 삶을 살았는지, 그 인물에 감정이입하여 천천히 읽어간다(그런 만큼 처음에는 위대한 영혼이 삶의 궤적을 다룬 자서전이면 좋겠다). 그리고 가능하면 여러 권의 책을 빨리 읽으려 들지 말고, 자서전으로 시작해 한 인물의 사상으로 독서범위를 서서히 확대하면서 하나의 뿌리라도 깊이 내리자. 처음에는 그 힘이 미약하겠지만, 위대한 영혼을 온전히 받아들이는 만큼, 내 중심 또한 그만큼 깊고 단단해지기 시작한다.

다시 세상과 만나는 재탄생 단계에서 6번은 자신들이 가장 좋아하는 공동체 이루기를 시도할 수 있다. 다만 예전처럼 누군가에게 의존적이 아닌, 이번에는 수평적 입장에서 하나의 프로젝트를 놓고 '협업'을 시도해보자. 하나의 주제나 이슈를 두고 심연 기간을 거치며 나만의 필살기를 갈고닦았으니, 이제 같은 뜻을 지닌 동료와 함께 모색하면서 실질적인 일을 도모해본다. 이때 6번은 자신만의 '협업일지'를 기록해보자. 실질적으로 어떤 목표를 잡고, 그에 따라 어떻게 사람을 접촉했으며, 어떻게 팀을 이루었고 등을 차분히 적어가며 자신과 전체 상황을 객관적으로 분석하고 정리하며 일을 진행하자. 그러면 누구보다 이성의 힘이 강한 사고형인 6번인 만큼 이제는 예전처럼 무조건 타인에게 의존하지 않고 팀 전체의 수행목표와 동료들 그리고 자신의 역할이 조화를 이루며 앞으로 나아갈 수 있게 중재 역할을 하며 진정한 공동체 수호자로 거듭 태어날 수 있다.

03

감성형(가슴형)

2번: 오만한 애정실천가
4번: 자아 없는 나르시시스트
3번: 공허한 성취주의자

감성형은 무슨 일을 할 때 '타인과의 관계'를 가장 많이 신경을 쓰는 유형이다. 흔히 감성형은 인간관계가 좋다고 생각하기 쉽다. 그런데 에니어그램에서 말하는 감성형이란 직관, 사고 및 감성 에너지 중 관계와 관련된 감성 에너지를 가장 많이 쓰는 유형이라는 의미일 뿐이다(오히려 과유불급이라는 말이 있듯이 너무 과하게 신경을 쓰다 보니 감성형 중에서 정작 관계가 좋지 못한 경우도 많다). 특히 공적인 자리에서도 이성적으로 일처리를 하기보다 자신들이 선호하는 사람들에 따라 호불호를 가르며 일처리를 해서 객관성이 떨어지는 경우도 종종 있다.

즉 감성형은 자신들도 인식하지 못하는 사이 다른 사람들의 요구나 기대치를 채워주며 그것으로 자신의 정체성을 확립하려는 유형이다. 사고형이 사회적 시선에 민감한 것과는 달리 감성형은 사람들의 정서적 변화에 매우 민감하다. 감성형 중 에너지를 밖으로 쓰는 2번은 타인들의 정서적 필요성을 보듬어주고 사랑을 먼저 베풂으로써 정체성을 확립하려 한다. 반면 에너지를 안으로 쓰는 4번은 자신을 특별한 존재로 부각해 타인들의 관심과 애정을 끌어와 자신의 정체성을 확립하려 한다. 그런가 하면 안팎으로 쓰는 에너지가 팽팽히 맞서는 3번은 감성형이지만 감성을 배제하고 누군가 인정받고 싶은 사람의 기대치를 맞추기 위해 외적 성취를 이루어 자신의 정체성을 확립하려 한다. 감성형은 자신이 애정을 베풀었다고 생각하는 이들로부터 거부를 당할 경우 마치 존재 자체를 거부당한 것 같은 수치심을 느낀다.

그러나 에너지를 어느 방향으로 쓰는지와는 상관없이 감성형의 공통점은 세상을 감성적으로 끌리느냐, 끌리지 않느냐로만 본다. 때로는 이성의 힘이 현격히 떨어져 공과 사의 경계를 구분하지 못하고 감성적으로 대하는 약점이 있다.

2번: 오만한 애정실천가

르네 젤위거의 사랑스러움이 가장 먼저 팬들에게 각인
된 건 아무래도 할리우드 최고의 살인미소를 자랑하는
톰 크루즈와 함께한 〈제리 맥과이어〉가 아니었나 싶다.
하지만 그런 그녀를 세계적인 연인으로 만든 건 역시나
〈브리짓 존스의 일기〉이다.

브리짓은 뚱뚱하고 줄담배를 피우며 술까지 잘 마시는
30대 노처녀다. 혼자 나이 들어가는 비참함에서 벗어나
고자 매해 신년이면 멋진 파트너를 만나기 위해 변화를
결심하지만 늘 작심삼일이다. 그러던 어느 날 능력 좋고
잘생겼지만, 그만큼 바람둥이이기도 한 출판사 상사 다

니엘이 손짓만 까닥하자 바로 넘어간다. 다니엘과 하룻밤 관계를 맺은 후 마치 그가 자신의 남자가 되었다고 착각에 빠진 브리짓. 세상이 온통 핑크빛으로만 보이며 다니엘이 천하의 둘도 없는 바람둥이라는 사실은 까맣게 잊는다. 다니엘과 결혼하는 상상을 하며 일상에서도 마음이 붕붕 떠다닐 뿐이다. 그러던 중, 둘만의 주말여행에서 자신만 남겨놓고 다니엘이 먼저 돌아가자 어딘가 이상한 느낌이 든다. 브리짓은 그의 뒤를 쫓아 집으로 찾아가는데 그곳에서 다니엘과 미끈한 뉴요커가 함께 있는 현장을 목격한다. 그럼에도 한동안 미련을 버리지 못하고 질척이다가 다니엘과 라라가 약혼했다는 말을 듣고는 결연히 출판사를 박차고 나와 보란듯이 방송사로 이직한다. 브라보!

한편 부모님끼리 친분이 있어 어린 시절 함께 놀기까지 했다는 인권변호사 마크와 자꾸 우연히 마주치는 일이 벌어진다. 어지간해선 겉으로 드러나는 표정변화가 없고 어딘가 푼수 같은 자신에 비해 지적이다 못해 냉정하게까지 보이는 이튼 출신의 마크 앞에만 서면 자꾸 위축되는 느낌이다. 그러던 어느 날, 모두가 커플인 친구들 모임에 유일하게 싱글로 참여한 브리짓. 이날도 어김없이 커플 친구들의 '언제 시집 가냐, 너무 늦은 거 아니냐'

는 놀림은 계속된다. 참다못한 브리짓이 일찍 자리를 뜨려 하자, 변호사 동료와 함께 참석한 마크가 배웅하며 "있는 그대로의 네가 좋다"고 고백한다. 안 그래도 애정이 고픈 브리짓. 그 한마디에 다시 하늘을 붕붕 날며, 급기야는 마크의 도움으로 그 누구도 따낼 수 없는 인권 관련 사건 인터뷰를 따내고 방송기자로서 명성까지 얻는다. 그러면서 마크와도 알콩달콩한 사랑이 막 시작되는데….

하지만 이럴 때 방해꾼이 나타나지 않으면 로맨틱 코미디가 아니다. 그리고 그 악당은 꽤 매력적이다. 그런 의미에서 휴 그랜트는 다니엘 역할에 너무 잘 어울리며 브리짓의 마음을 또 한 번 흔들어놓는다. 아무래도 사랑 앞에서 영 약한 모습을 보이는 그녀가 아닐 수 없다. 그러나 우리는 이 영화의 끝이 해피엔딩이라는 것을 알고 있다. 당연히 그래야만 한다. 로맨틱 코미디가 새드엔딩인 건 도저히 용납할 수 없기 때문이다. 그렇게 사랑 앞에 헤프기도 하고 철부지 같기도 하지만, 너무나 사랑스러운 브리짓 존스. 솜사탕처럼 포근한 그녀는 겨울이면 이 세상 모든 솔로가 다시 보고 싶은 할리우드 주인공 중 한 사람이다.

한마디로 2번 유형은…

영화 속 브리짓처럼 사랑을 가득 품은 솜사탕 같은 유형이다. 감성형 중에서도 천성적으로 공주나 왕자처럼 타인의 주목과 관심의 대상이 되고 싶어 하는가 하면, 그만큼 주변 사람들을 기쁘고 행복하게 해주는 환하고 밝은 에너지를 지녔다.

감성형은 이 세상을 관계의 장으로 보며 주변 사람들로부터 사랑받는 것으로 자신들의 정체성을 확립한다. 그중에서 2번은 에너지를 밖으로 쓰는 외향형으로서 주변 사람들에게 먼저 사랑과 관심을 쏟는다. 그러나 2번들이 이처럼 타인에게 먼저 많은 사랑과 돌봄을 베푸는 이유는 사랑을 베풀 때 돌아오는 찬사와 인정을 받을 때 살아 있음을 느끼기 때문이다(간혹 2번 중에 자신들은 무조건적 사랑을 베푼다고 믿는 이들도 있다). 2번은 자신의 결핍이나 부족함은 돌보지 않거나 드러내지 않고 늘 밝고 행복한 모습을 연출하며 주변 사람들에게 정서적으로나 실질적으로 많은 도움을 제공하느라 바쁜 날들을 보내기 일쑤다.

그러나 2번이 먼저 애정과 도움을 제공하는 이유는 결국 자신들도 상대방으로부터 관심받고 사랑받기 위해서다. 따라서 그들이 기대하는 만큼 애정과 관심이 되돌아오지 않으면 감성형답게 삐치거나 토라지기 쉽다. 이 패턴이 반복되면 애정 결핍으로 자칫 심한 질투나 강한 집착 혹은 상대에 대한 소유욕을 드러내는 등 히스테리 반응을 보이기도 한다. 하지만 사람들 앞에서는 자신들에게 애정이 필요하다는 사실을 애써 감추며 늘 밝고 환한 이미지를 연출하고 타인을 도우며 칭송만 받으려 한다. 이것이 바로 자신은 아무 도움도 필요 없고 주기만 하는 존재라고 뽐내는 2번 특유의 오만함이다.

2번 운명전환 여정

입문: 내가 끌리는 일을 선택하자

감성형은 타인으로부터 관심과 애정을 받아 자신의 정체성을 수립하려는 공통점을 지녔다. 그중에서 외향형인 2번은 타인의 필요와 도움을 먼저 채워주고 그로부터 돌아오는 찬사와 감사를 먹고사는 존재다. 이때 공동체 수호자인 6번이 사고형인 만큼 다소 딱딱하고 형식적으로 타인을 돌보는 것과는 달리, 감성형인 2번들은 타인의 정서적 필요까지 헤아려주고 보듬어주는 솜사탕처럼 포근한 도우미 역할을 자청하기도 한다. 2번의 외적 위기는 대개 다른 사람에게 몰두하다 자신의 존재조차 잃어버리며 자초한 위기일 가능성이 크다.

2번이 운명을 전환하려면 무엇보다 관심과 칭찬을 받기 위해 나를 버려두고 타인을 위해 달려가는 마음부터 붙잡아야 한다. 같은 외향형이라도 7번은 사고형이어서 한 템포만 끊어주면 이성의 힘이 작동하는 것과는 달리, 감성형인 2번은 상대적으로 마음을 가라앉히는 것이 결코 쉽지 않다. 그럴수록 더욱 타인보다 먼저 나부터 돌봐야 함을 스스로 일깨우며 마음을 가라앉혀보자. 나를 돌아보는 것만이 운명전환을 시작할 수 있는 길임을 의식할 때, 밖으로만 달려가는 마음을 가라앉히고 비로소 자신을 마주할 수 있다.

운명을 전환하겠다고 결심하고 입문에 들어서 천복을 찾기 시작하면 역시나 대부분 2번은 책상 앞에 앉아 차곡차곡 지식을 쌓는 일보다는 사람들과 어울려 할 수 있는 일을 선호한다. 그중에서도 특히 에너지를 밖으로 쓰는 외향형답게 자신들의 이미지를 연출해 사람들의 시선을 끌며 관심 받을 수 있는 일들이 썩 잘 어울리는 유형이다. 공동체를 중시하는 6번과는 또 다른 이유로 NGO 등의 단체활동도 선호하는데, 2번은 좋은 사람들과 함께하며 타인을 돕는 일에 끌리는 경향이 강하다. 한편 스스로 사람들에게 좋다고 믿는 제품이라면 홍보나 영업 등의 일에서도 앞장설 수 있는 유형이다. 어떤 일이라도 좋은 뜻으로 사람들에게 도움이 된다고 여기는 일이라면 2번은 충분히 행복해하며 잘할 수 있다. 이렇듯 2번은 감성의 시대로 대변되는 미래 자본주의 사회에선 기질에 맞는 분야가 다양할 수 있다. 그렇기에 더욱 2번은 외적으로 인정받을 수 있는 일보다는 자신들이 좋아하고 끌리는 일을 스스로 결정하는 것이 훨씬 더 중요하다.

입문에 들어서면서 내 운명을 전환하는 기간만이라도

타인의 일에 나서거나 관여하지 말고 오직 자신에게 집중해보자. 대개 2번이 자신의 존재 이유를 타인을 도와준후 돌아오는 관심과 찬사에서 찾는다. 그러다 보니, 언제나 나보다 타인을 우선시하다가 결국은 자기결핍에서 벗어나지 못하는 경우가 있다. 일생에 한 번 운명전환을 결심했다면 운명전환 사이클을 도는 시간만이라도 누구보다 나 자신을 가장 우선순위에 두자. 타인에게 쏟는 애정의 10분의 1이라도 내게 쏟으면 굳이 다른 사람들의 주목과 칭찬 없이도 스스로 행복한 삶을 만들어갈 수 있기 때문이다.

심연 통과: 자신의 결핍을 먼저 돌보자

대개 2번이 운명전환을 위해 입문에 들어서는 이유는 그동안 사람들에게 상처를 많이 받았거나 타인에게 집착한 나머지 자신의 삶을 돌보지 않아 문제가 생겨서다. 심연에 들어가서도 여전히 사람들에 대한 미련을 버리지 못하고 계속 뒤돌아보는 성향 또한 강하다.

2번은 심연 기간에도 외부에서 누군가 (특히 동성이 아닌 이성이면 더더욱) 도움을 요청하거나 필요하다 여기면 자신의 일은 다 뒷전으로 하고 헌신하는 경향이 있다. 타인에게 먼저 사랑을 베푸는 것으로 자신의 존재를 확인하는 2번의 내면에는 나는 아무 도움이 필요 없는 사람이라는 특유의 오만함이 아킬레스건으로 작용하기 때문이다. 이런 오만함으로 인해 심연 기간이라도 누군가 도움을 요청하면 달려가 응하다가 정작 자신의 삶은 번번이 놓치고 만다. 문제는 2번이 끝없이 타인의 찬사나 관심을 받아 자신들의 삶을 채우려는 악순환을 거듭하다 끝내는 애정 결핍이 심해져 질투, 집착이나 소유욕 같은 히스테리 반응을 부릴 수도 있다는 것이다.

2번이 천복을 필살기 수준으로 갈고닦아 다시 세상에 나오기 위해서는 누구보다 먼저 자신이 사랑과 돌봄이 필요한 존재임을 인정해야 한다. 2번이 풍부한 애정과 사랑을 타인이 아닌 자신에게 돌려세워 자신을 소중히 여기고 존중하기 시작하면, 늘 외부로부터 관심과 애정을 갈구하는 목마름에서 풀려나 자신을 돌보고 천복을 갈고닦는 데 집중할 수 있다. 결국 2번의 감성 충만한 사랑으로 스스로 자신의 결핍을 채울 것이냐 혹은 늘 타인에게 끌려만 다닐 것이냐, 2번의 심연 통과 열쇠다.

외향형인 2번은 재탄생을 할 때 어떤 경로로 어디까지 날아오를 것인가보다는 화려한 비상만 꿈꾸는 경우가 많다. 심연 기간을 거치느라 다소 소원했던 사람들과 관계도 멋지게 복구하며 다시 세상의 스포트라이트를 한몸에 받고 싶어 한다. 막상 날아올랐는데 기대했던 것만큼 세상에서 주목을 받지 못하거나 박수갈채가 끊어지면 또다시 정서적으로 위축되어 한순간에 스스로 날개를 접을 가능성이 있는 유형이다.

2번이 필살기를 갈고닦아 재탄생할 때는 반드시 복귀 전 이성의 힘으로 비행 목표와 경로를 스스로 정한 뒤 날아올라야 한다. 그런 뒤, 세상 관심과 상관없이 목표한 바를 달성해본다. 타인의 관심과 찬사에 신경을 너무 많이 쓰는 2번이 세상 이목에 상관없이 한 번만이라도 스스로 정한 목표를 묵묵히 달성할 수 있다면, 이 과정에서 2번은 그때까지 경험해보지 못한 자기충만감을 느낄 수 있다. 그렇게 2번이 스스로에 대해 자기충만감을 느낄 수 있을 때, 비로소 이들은 그 어떤 유형보다 탁월한 정서적 공감능력과 감성 넘치는 사랑으로 자신을 잃지 않으며 타인과 함께하는 아름다운 삶을 펼쳐갈 수 있다.

성공적인 운명전환을 위한 처방전

자아 찾기 모놀로그

　현대인 중 많은 사람들이 나는 누구인지를 찾아 묻고, 답하기를 한다. 그중 정체성 문제가 가장 심각한 유형이 2번이다. 문제는 정작 2번들이 이 질문을 잘 던지지 않는 경향이 있다는 점이다. 누군가 나를 필요로 할 때나 다른 이들이 내게 찬사와 감사를 할 때 내 존재 이유가 있다고 느끼기 때문이다. 운명을 전환하려면 지금 이 순간부터는 자아 찾기를 가장 먼저 시작해보자. 내가 누구인지를 인식하지 못한다면 전환할 운명 또한 없기 때문이다.

　2번은 감성이 풍부한 유형인 만큼 자아 찾기를 꼭 한 가지 방법으로만 진행할 필요는 없다. 노트에 글을 쓰는 것을 좋아한다면 마음에 드는 노트를 하나 골라 글을 써 나가도 좋다. 대화를 좋아한다면 셀카를 찍어 사진을 보며 자기와 이야기를 나눠도 좋다. 물론 그림 그리기를 좋아한다면 그림으로 혹은 찰흙 놀이를 좋아하면 인형을 만들어가며 이야기를 나누는 방법도 있겠다. 중요한 것은 어떤 방법이든 내가 원하는 것을 선택하는 것과 하루 중 일정한 시간 나와 대화를 나누는 시간만큼은 절대 타인이 나를 필요로 해도 달려가지 않는 것이다. 그렇게 내가 선택한 방법으로 매일 일정 시간 온전히 나를 만나자. 지금까지 늘 타인의 필요에 먼저 귀 기울이던 2번인 만큼, 이제라도 나와의 대화를 시작하면 아마 오랜 시간 듣지 못했던 많은 이야기를 들으며 그 가운데 자신만의 천복 또한 발견할 수 있다.

자기 충족 다이어리

2번의 인생에서 가장 큰 아킬레스건은 나는 아무 부족함이 없기에 늘 타인을 도우며 살아야 한다는 자기 오만이다. 그 결과 2번은 어떤 분야에서도 자기다움을 드러내지 못하고 오히려 타인의 인생에 휘말려 어느 순간부터는 자신의 정체성도 잃어버린 채 살아왔을 가능성이 높은 유형이다. 입문 단계에서 참으로 오랜만에 스스로 끌리는 일을 찾았다면, 이제 심연 단계에선 하루 1~2시간이라도 내가 끌리는 그 일에 시간과 에너지를 투자하는 연습을 하자. 그리고 위에서와 마찬가지로 이 시간만큼은 그 누가 도움을 요청하거나 필요로 하더라도 달려가지 않는다.

감성형 중 외향형으로서 처음에는 차분히 앉아 내 일

에 집중한다는 것이 무척이나 어렵다. 자기만의 다이어리나 핸드폰 같은 곳에 매일 나만의 시간을 지켰는지에 대해 표시를 해나가는 것도 좋은 방법 중 하나다. 그렇게 매일 적은 시간이라도 나 자신을 위한 시간을 쌓아가다 보면, 시간이 지남에 따라 점차 타인에게 칭찬을 듣기 위해서가 아니라 진짜 내가 좋아서 필살기를 갈고닦게 된다. 그리고 이렇게 형성된 필살기야말로 내 안의 결핍을 메워줄 수 있는 가장 강력한 힘이 된다. 자기 결핍을 스스로 채우며 새로운 운명을 향해 앞으로 나아갈 수 있다.

과한 포장 덜어내기

2번이 재탄생할 때 가장 문제가 되는 것은 세상 관심과 시선을 끌기 위해 자신의 필살기를 과하게 포장하려 드는 성향이다. 물론 현대사회가 홍보와 마케팅 홍수의 시대인 만큼 어느 정도 포장이 필요한 것은 사실이지만, 이미지 연출을 좋아하는 감성형 중 외향형인 2번은 그 정도가 조금 과할 수 있다. 자칫 무대를 너무 화려하게만 치장해 관객들에게 좋은 눈요깃거리는 제공할망정 진정성은 전달할 수 없다고나 할까. 사실 2번의 이런 성향은 오랜 시간 정체성을 확립하지 못한 채 타인에게 인정받고

자 애쓰며 살아온 습성이다. 그러므로 재탄생에 들어서서 2번은 무언가를 덧씌우려 하지 말고 있는 그대로의 모습으로 승부하자. 그동안 심연 기간을 거치며 쌓은 자신의 실력을 믿고, 재탄생 전 자신만의 목표를 세우고 그것만 바라보고 가는 것이다. 타인의 시선을 끌고자 날개를 자꾸 화려하게 꾸며 과한 치장으로 인한 무거움에 날개가 처지는 일이 없도록, 있는 그대로 홀가분하게 날기. 이것이 2번이 재탄생을 하여 세상에서 오래 날 수 있는 가장 아름다운 방법이다.

4번: 자아 없는 나르시시스트

　제목부터 심상치 않은 〈봄의 눈〉은 내용 역시 기대를 저버리지 않는 영화다. 남자 주인공 키요아키는 새로이 번성하는 마츠다에 가문의 후계자로서 어릴 적 황실가문의 법도를 익히기 위해 아야쿠라 가문에 잠시 머문다. 그때부터 사토코와는 친구가 된다. 사토코는 커가면서 점점 키요아키를 좋아하게 되고 그 마음을 전달한다. 키요아키 역시 사토코를 좋아하지만 그 사실을 인정하지 않고 계속 사토코를 밀어낸다.

　어느 날, 황실 사람들이 이 고장을 방문하는데, 그때 황태자가 사토코에게 관심을 보인다. 그리고 며칠 뒤 수도로 돌아간 황족 일행은 사토코에게 정식으로 청혼을 한다. 상황이 급박하게 돌아가자 마음이 다급해진 사토코는 키요아키에게 자신의 처지를 애타게 전한다. 하지만 황족 일행의 방문 기간에 사토코에게 돌발적인 키스를 했다가 거절당한 키요아키는 단단히 삐쳐 있었다. 사토코를 어떻게 생각하냐고 자신의 마음을 확인하는 아버지의 질문에도 냉소적으로 답했다. 결국 만나주지도 않는 키요아키에게 편지로만 애타게 자신의 마음을 전달하던 사토코도 더는 어쩌지 못하고 마침내 황실의 혼담을 받아들이고 황태자와의 결혼 예정 소식이 신문에 실린다.

그때까지도 완강히 마음의 문을 걸어 닫았던 키요아키. 갑자기 사토코를 만나기 위한 위험한 시도를 벌인다. 자신이 사토코의 마음을 거절하는 동안 그는 사토코가 죽는 꿈을 꾼다. 어쩌면 키요아키는 그녀가 죽음을 불사하고라도 자신을 향한 사랑을 지켜주기를 바랐는지도 모르겠다. 어떻게 보면 특별한 사랑을 벌이는 것 같기도 하지만, 조금만 현실적 시각에서 본다면 참으로 이해하기 어려운 키요아키의 행보다. 사토코는 이미 황실의 명을 받든 사람이 되었음에도 여전히 키요아키를 사랑하고, 그의 접근을 뿌리치지 못한 채 두 사람의 위험한 사랑은 이어진다. 급기야 사토코는 황태자의 정혼자란 신분으로 키요아키의 아이를 임신하는 지경에 이른다. 더는 혼자 이 일을 감당할 수 없었던 사토코의 유모는 이 일의 전말을 두 집안에 알린다. 아야쿠라와 마츠다에 두 집안의 합의 아래 사토코는 은밀히 오사카에 있는 병원에서 수술을 받고 이후 절로 출가한다.

나중에야 이 사실을 알게 된 키요아키는 사토코를 찾아가지만 이미 속세를 떠나 출가한 몸이 된 사토코는 더 이상 그를 만나주지 않는다. 하지만 사토코가 냉담하면 할수록 그녀를 향한 키요아키의 사랑은 더 애절해진다. 키요아키는 밤낮으로 절 문 앞에서 지내다 급기야는 중병을 얻게 된다. 그럼에도 가족에게는 자신의 행방을 알리지 않아 절친인 혼다가 달려오지만 이미 모든 것은 마지막을 향해 달려가기 시작한다. 그의 사랑만큼이나 특별한 봄의 눈을 뒤로한 채로. 영화의 스토리 자체는 간결하지만 상영시간은 꽤 길다. 아무래도 아름다운 영상에 키요아키의 아련한 마음을 담아내려 했기 때문일 것이다. 키요아키의 감성은 일상에서 흔히 마주할 수 없지만, 사랑에서조차 나를 다 던지지 못하는 현대인들과 참으로 많이 대비되는 모습이었다.

한마디로 4번 유형은…

영화 속 키요아키처럼 특별한 분위기를 연출하며 상대를 내게 끌어당기는 나르시시스트 같은 이들이다. 밝고 건강한 에너지 보다는 어딘가 음울하고 자신만의 세계에 가라앉은 것 같은 신비스러운 이미지 연출을 선호한다.

감성형은 이 세상을 관계의 장으로 보며 주변 사람들로부터 사랑받음으로써 자신들의 정체성을 확립하는 유형이다. 그중에서 4번은 에너지를 안으로 쓰는 내향형으로 특별한 분위기를 연출해 사람들을 자신에게 끌어당겨 사랑을 받으려 한다. 영화 속에서 키요아키가 또래 남자들이 다 배우는 검술을 땀 냄새 나는 일이라며 멀리하듯, 일상적인 것들과 거리를 두며 여성은 물론 남성도 심미안이 발달하거나 풍부한 예술성을 개발한다.

다만 특별함에 너무 치우치다 알맹이 없이 허황된 미사여구만 늘어놓거나 음울함이 지나쳐 비련의 여주인공 코스프레를 하며 사람들의 시선을 끌려는 취약점을 지녔다. 그러다 이 패턴이 반복되면 슬픔이 지나쳐 비탄으로 흐르며 일상에서 주변 사람들이 감당하기 어려운 지경에 빠지기도 한다.

4번 운명전환 여정

입문: 소소한 일상 속에서 답을 찾다

감성형은 타인들로부터 관심과 애정을 받아 자신의 정

체성을 수립하려는 공통점을 지녔다. 그중에서 내향형인 4번은 특별한 분위기를 연출해 타인의 애정을 갈구하며 사는 유형이다. 그런 만큼 4번의 외적 위기는 대개 현실을 외면하고 일상을 경시하며 영화 속 키요아키처럼 극단의 환상적 이미지를 추구하다 생겨날 가능성이 크다.

4번이 운명을 전환하기 위해서는 현실을 직시하는 일이 가장 필요하다. 특별함에 의미를 부여하는 4번으로서는 일상을 초라하고 시시하다 여기기에 현실 직시가 매우 어렵다. 마치 하늘을 날아다니는 선녀에게 곱고 아름다운 선녀 옷을 벗어놓고 남루하고 거친 옷을 입고 세속으로 내려오라는 것과 같다. 일상을 외면하고 자꾸 환상 세계를 꿈꾸다 외적 위기 또한 자초했기에 이제라도 소소한 일상에 눈을 떠야 현실에 발을 내디딜 수 있다.

4번이 운명을 전환하고자 현실을 직시하면 그 누구보다 풍부한 심미안과 예술적 감성 그리고 사람에 대한 섬세함으로 일상에서도 의미를 부여하고 가치를 창출하는 라이프 아티스트로 변신할 수 있는 가능성도 높다. 더불어 사람에 대한 관심과 섬세함은 같은 감성형 중에서도 단연 탁월하다. 매일의 생활 속에서 사람과 예술 혹은 문화를 연결하는 트렌드 리더로의 변신 또한 4번이 매우 선호할 만한 천복 중 하나다. 그런가 하면 아주 작은 카페 하나를 운영하더라도 전문가의 손을 빌리지 않고 자신의 힘으로 구석구석을 예술적으로 바꿔놓을 수 있는 심미안도 지녔다. 한마디로 그 어떤 일상적인 일에 뛰어들어도 자신만의 개성으로 예술적으로 변신시켜놓을 수 있는 유형이다. 사람에 대한 섬세함과 심미안적 개성을 발휘하며 창의력을 드러낼 수만 있다면 분야를 막론하고 자신들의 천복으로 삼을 수 있다.

다만 4번은 절대 일상을 가벼이 여기거나 현실을 외면하며 또다시 자신들만의 환상세계로 도망가선 안 된다. 4번은 대개 자신들은 대중이나 일반인들과는 어딘가 다른 특별한 존재라는 의식을 지니고 사는 유형이다. 아무리 탁월한 심미안이나 감수성을 지녔다고 하더라도 그러한 능력을 현실과 접목하지 못한다면 아무 의미 없다는 점을 명심할 필요가 있다. 환상 속에서 특별함만을 꿈꾸는 것이 아니라, 자신의 능력을 현실에서 발휘해보자. 그러면 4번이 가장 원하는 일상이 곧 예술인 삶을 살 수 있다.

심연 통과: 자기연민에서 벗어나기

대개 4번이 운명전환을 위해 입문에 들어서는 이유는 그런 길을 걷는 것 자체가 어딘가 고고해 보이기도 하고 남달라 보이기 때문이다. 그러면서 타인의 관심과 애정을 받아 자신들의 정체성을 확립하려는 감성형답게, 이 길을 걷는 자신을 누군가 특별히 여겨 끝없이 관심 가져주고 돌봐주기를 바라는 마음이 크다.

심연 기간을 거치는 동안 누군가 리더나 멘토가 있어 그들이 자신에게 특별한 애정을 쏟고 돌봐주면 운명전환 여정을 끝까지 잘 완주할 수 있다. 반면 애정과 관심이 충분하지 못하다 여기면 한순간에 감정이 상해 모든 걸 포기하고 또다시 비련의 주인공인 양 코스프레할 위험이 있다. 자신의 운명을 전환하는 일인데 그 성공 여부가 나 아닌 다른 사람에게 달려 있는 셈이다. 게다가 4번은 아무리 목이 말라도 눈앞에 물을 스스로 마시지 않고, 누군가 애처로이 여기며 떠먹여주길 바라는 절대적 애정 갈구자들이다. 즉 4번은 타인의 사랑을 얻기 위해 나르시스트처럼 신비하고 고혹적인 이미지 연출에 최선을 다하지만 정작 속은 텅 빈 '자아 없는 에고이스트'라는 치명적 아킬레스건을 지녔다. 그리고 4번은 사람들이 속이 빈 자신의 진짜 모습을 발견하게 되면 버림받을 거라는 두려움 때문에 누군가와 가까워지면 이전보다 더욱 특별한 분위기를 연출하려 들며 오히려 상대방을 지치게 만들기도 한다.

4번이 운명전환을 이루기 위해서는 무엇보다 알맹이에 집중하는 연습을 해야 한다. 4번은 운명전환을 위해 필살기를 갈고닦는 심연 기간 자체에 과장된 의미부여를 하며 마치 순례의 길을 걷는 고행자 흉내를 내며 주변 사람들의 관심을 끌거나 연민을 사려 할 수 있다. 그러면서 누군가가 가엾게 여겨 계속해서 목을 축여주기를 바라는데 심연 기간에선 이제 그만 자기연민을 버리고 스스로 물을 떠 마시자. 그렇게 일상적인 나를 직시하며, 한편으론 꾸준히 필살기를 쌓아가다 보면 서서히 자신을 초라하게 여기는 자기연민에서 벗어날 수 있다. 현실을 직시하며 알맹이가 꽉 찬 일상의 삶을 살아갈지 혹은 언제까지 환상 속에서 살아갈지, 4번의 심연 통과 열쇠다.

재탄생: 현실적으로 실행 가능한 목표를 잡자

같은 감성형이지만 외향형인 2번이 화려한 비상을 꿈꾸는 것과는 달리 내향형인 4번은 막상 재탄생의 시기가 다가오면 그동안 자신만의 필살기를 갈고닦았음에도 자신이 인정하는 특별한 누군가의 비행경로를 그대로 답습하려 한다. 혹은 또다시 세상에는 자신이 설 곳이 없을 거라 여기며 날기도 전에 스스로 위축되거나 반대로 세상은 나의 특별함을 이해하지 못할 거라 여기며 뒷걸음칠 수도 있다.

4번이 다시 세상에 복귀할 때는 이유는 다르지만 같은 감성형인 2번처럼 비행 전 이성의 힘으로 자신만의 비행 목표와 경로를 정해야 하는 것은 똑같다. 외향형인 2번이 타인의 관심 유무에 따라 흔들리거나 내향형인 4번이 타인의 무관심에 주눅 드는 것, 양쪽 모두 결국 사람에 의해 자신의 경로를 유지하지 못하는 것은 마찬가지이기 때문이다. 한 가지 다른 점이 있다면 내향형인 4번은 첫 번째 도달 목표를 상당히 낮게 잡을 필요가 있다. 비교적 현실주의적인 2번과는 달리 자기 환상 세계에 사는 4번은 첫 비상에서도 하늘 세계에 도달하는 환상적인 목표치를 잡고 현실과의 괴리감으로 스스로 포기할 가능성이 높기 때문이다. 일상에서 이룰 수 있는 현실적 목표를 정하고 그를 향해 힘차게 날아오르는 것, 4번이 재탄생에서 반드시 기억해야 할 사항이다. 그렇게 세상을 향해 날개를 펼칠 수만 있다면, 아마 4번은 현실에서 가장 아름다운 날개 중 하나를 펼쳐 자신의 필살기를 세상에 구현하면서 살아갈 수 있다.

성공적인 운명전환을 위한 처방전

일상에서 작은 행복 만들기

4번은 감성형 중에서도 현실을 고루하게 여기며 일상에서도 드라마틱한 환상을 꿈꾸는 경향이 가장 심하다. 특히 자신을 비련의 주인공처럼 여기며 스스로 위기를 자초하는 성향이 강하기 때문에 입문에 들어서기 위해서는 '난 못할 거야, 안 될 거야'라는 부정적 감정을 털어내고 한 걸음을 내디딜 용기가 필요하다.

그러므로 천복을 찾아 입문하면서 자신을 위축시키는 음울한 감정이 올라올 때마다 아주 화사하고 밝은 노트를 꺼내 자신이 선택한 천복으로 행복하게 끝나는 이야기를 만들어보자. 단 이때 이야기는 너무 비현실적으로 빠지지 않고 일상에서 소소한 행복을 느낄 수 있는 소박한 드라마면 좋겠다. 4번은 감성형 중에서도 환상적 드라마를 꿈꾸는 유형인데 지금까지 자신을 늘 슬픈 드라마의 주인공처럼 여겼으나, 이제부터는 일상에서 소소한 행복을 느끼며 살아가는 주인공으로 이야기 자체를 바꿔서 만들자. 그렇게 매일 일상에서 작은 행복 만들기를 연습하다 보면, 자신이 선택한 천복 또한 해피엔딩으로 끝날 수 있다는 용기가 서서히 차오를 것이다.

필살기 체크노트

그렇게 용기가 생겼다면 이제 천복이 필살기가 되도록 갈고닦자. 4번은 지금까지 살면서 어느 한 분야에서 진짜 실력자가 되기 위한 알맹이보다는 늘 허상과 환상의 세계에 머물렀을 가능성이 크다. 지금부터는 진정 스스로 선택한 천복이 필살기가 되도록 갈고닦으며 자신의 정체성을 확립해가자. 그러기 위해서는 자신만의 필살기 체크노트를 하나 만들어보자. 그리고 이 필살기 노트만큼은 평범하지 않고 4번의 개성을 한껏 살린 아주 멋스럽고 개성 넘치는 방식의 노트이면 좋겠다. 다행히 4번은 에너지를 안으로 쓰는 유형인 만큼, 잠시도 엉덩이를 땅에 붙이기 어려운 외향형인 2번처럼 매일 자신을 점검할 필요는 없다. 다만 스스로 나날이 늘어가는 실력을 규칙적으로 점검하며 자신감을 북돋을 필요가 있다. 각자 선택한 천복의 진행 상황을 기록하거나 표기할 자신만의 체크노트를 만들자. 그리하여 체크노트가 쌓여갈 때, 4번 또한 자신 안에 진정한 필살기가 쌓이는 것을 확인하며 자신감을 갖고 심연 기간을 통과할 수 있다.

4번이 재탄생을 앞두고 가장 문제가 되는 것은 비행목표를 비현실적으로 잡아놓고 날지는 않고 꿈만 꾼다는 사실이다. 그러므로 목표 자체를 현실에서 딱 한 걸음 위로 정하자. 그런 후, 거기까지 도달하는 자신만의 특별한 스토리를 만들어보자. 4번은 어떤 경우라도 드라마의 주인공처럼 일상에서 의미부여를 하지 않고서는 견디지 못하는 유형이다. 그러므로 목표는 현실적으로 잡되, 거기까지 도달하는 경로는 스스로 만족할 만한 특별한 스토리를 만들자. 그것만이 4번이 환상에서 빠져나와 현실에서 존재감을 빛내며 살아가는 길이 될 수 있다. 그렇게 매일의 삶 속에서 자신의 필살기로 특별한 일상을 만들어 갈 때, 그 자신의 천복이 무엇이든 4번이 그토록 원하는 일상적인 라이프를 예술적으로 승화시키는 삶을 만들어 갈 수 있다.

3번: 공허한 성취주의자

사람마다 취향에 따라 좋아하는 배우가 다르겠지만, 여자배우 중 메릴 스트립이 나오면 그 이름만으로 그냥 보게 된다. 그런 그녀가 할리우드 패션 편집장으로 화려하고 세련된 역할까지 잘 소화할 수 있을까 하며 보게 된 영화 〈악마는 프라다를 입는다〉. 역시나 메릴 스트립이다. 그녀는 확실히 할리우드의 불꽃 튀는 미녀들 속에서도 자신만의 존재감을 잃지 않는 연기력의 지존이 맞는 것 같다.

소도시의 명문대 졸업생 안드리안은 참된 저널리스트를 꿈꾸며 뉴욕에 오지만 일자리를 구하지 못해 어려움을 겪는다. 그러던 중, 우연히 접한 세계적인 패션잡지 《런웨이》의 편집장 2번째 비서 자리에 지원한다. 하지만 패션계 경력은 물론 패션 감각은 더더욱 부족한 그녀에게 경악한 제1 비서로부터 문전박대를 당하려는 찰나, 소신 있고 총명한 비서를 찾던 편집장인 미란다와 마주쳐 전격적으로 채용된다. 그러나 막상 일을 시작해보니 미란다는 전 세계 패션계의 흐름을 좌지우지하는 거물로서 비서 2명이 보좌를 해도 감당하기 어려운 지독한 일중독자였다. 거기다 단 1분 1초도 쉼 없이 일만 하는 미란다는 비서들이 어쩌다 한 번 실수를 하면 표정 하나 변하지 않고 냉소 어린 독기를 뿜어내기 일쑤다. 하지만 안드리안은 타고난 총명함과 상대방의 의중을 꿰뚫는 세심함을 발휘하며 점점 미란다의 마음에 들게 되고 마침내 (본인이 의도하지 않았지만) 미란다의 파리 콜렉션 보좌 일을 맡는다.

한편 미란다를 보필하다 그 자신 역시 일중독자가 된 안드리안은 가족과 친구들을 소홀히 대하게 된다. 그 와중에 파리 행까지 결심하자 결국 남자친구는 그녀가 너무 다른 길을 걷는 것 같다는 이유로 결별을 선언한다. 파리에 간 안드리안은 그곳에서 두 번째 남편으로부터 이혼 통보를 받고도 한 점 흐트러짐 없이 일하는 미란다를 목격하고 착잡함에 잠긴다. 그런 그녀를 본 미란다는 오히려 사람들 모두 우리 같은 이들을 선망할 뿐이라며, 안드리안 역시 자신과 똑같이 능력과 성취욕을 모두 가진 같은 부류의 사람이라고 한다. 그러나 그녀의 그 말에, 세상에서 가장 화려한 곳에서 가장 화려한 사람들에게 둘러싸인 안드리안은 문득 마법에서 풀리듯 미란다의 삶이 겉으로는 화려하지만 내적으론 얼마나 공허한가를 깨닫는다.

결국 자신의 능력을 소신 있게 펼칠 수 있는 진정한 저널리스트의 길을 찾아 나선 안드리안. 그녀의 앞날은 미란다처럼 공허하지 않고 사람들 속에서 충족감을 누리며 살 것 같은 안도감이 생긴다. 모든 사람이 화려한 정상만을 위해 모든 걸 내던지고 달리는 성취지향적인 삶만 성공이라 생각하지는 않기 때문인 것 같다. 그런 의미에서 두 여배우의 빼어난 연기력에 빠져 시간 가는 줄 모르고 본 〈악마는 프라다를 입는다〉는 자본주의 시대에서 화려한 성취 속 진정한 성공의 의미가 무엇인지 다시 한 번 생각하게 하는 영화였다.

한마디로 3번 유형은…

영화 속 미란다처럼 화려한 성취주의자로서, 정상을 향해 한 계단씩 올라가면 갈수록 일 외에 모든 것들은 점점 더 소홀히 하며 끝내는 감성형이면서도 자신의 감정까지도 누르고 일에만 매진하는 공허한 성취주의자다.

감성형들은 이 세상을 관계의 장으로 보며 주변 사람들로부터 사랑받는 것으로 자신의 정체성을 확립하는 유형이다. 그중에서 안팎으로 쓰는 에너지가 동일한 힘을 이루는 3번은 사랑받기 위해 일에만 매진한다. 게다가 영화 속 안드리안처럼 일에 집중하는 것 외에 감성형 특유의 사람을 헤아리는 능력을 발휘해 자신이 속한 분야에서 빠른 사다리타기를 이뤄내기도 한다.

다만 3번이 이처럼 일에 매진하는 이유는 (부모님으로부터 시작하여) 누군가의 사랑과 인정을 받는 걸로 자신의 정체성을 확립하기 위해서다. 그러다 보니 더 큰 사랑을 받기 위해 성취에만 매달려 오히려 자신이 사랑하는 사람들과의 관계를 소홀히 하는 등 인생에서 소중한 사람들은 점차 잃어버리는 아이러니를 만들기도 한다. 그 정도가 지나치면 자신들이 왜 성과를 내려는지 본질조차 망각하고 오직 사다리 정상에 오르기 위해 자신과 타인의 감정까지 무시하고 일에만 매달리는, 겉으로만 화려한 허영덩어리 성취주의자가 될 가능성이 높다. 그러나 내면 깊은 곳은 3번 역시 사람들과의 관계를 가장 중요시하는 감성형인 만큼, 정상을 향해 올라가면 갈수록 커지는 내적 공허함에 시달리며, 그 공허함을 피하려 표면적인 화려함을 과시하며 이전보다 더욱 일에 몰두하는 악순환에 빠지기도 한다.

3번 운명전환 여정

입문: 진정성을 갖고 할 수 있는 일을 찾자

감성형은 타인들로부터 관심과 애정을 받아 자신의 정체성을 수립하려는 공통점이 있다. 그중에서 안팎으로 쓰는 에너지의 힘이 동일한 3번의 경우는 감성형답지 않게 자신의 감정까지도 누르고 성과를 올려 그것으로 사랑받으려는 유형이다. 자신이 속한 한 분야에서는 절대적으로 탁월한 전문가가 되어 찬사와 인정을 받고 싶어 하며 일에서는 어떻게 해서든지 정상에 도달하는 화려한 삶을 지향한다. 다만 3번 역시 감성형인 만큼 겉으로만 화려한 성취주의 계단을 올라갈수록 인생의 소중한 것들을 잃어버리게 되는 공허함에 시달릴 가능성이 높다. 대개 감성형들이 사람들과의 관계로 인한 위기를 자초하는 것과 마찬가지로 3번 역시 겉으로 승승장구하는 것과는 달리 내적 공허에 스스로 무너지거나 혹은 알맹이 없는 쇼윈도 관계를 유지하려 애쓰다 위기를 자초한다.

3번이 운명을 전환하기 위해서는 무엇보다 먼저 진정성을 회복하는 것이 급선무다. 사실 3번이 이토록 앞뒤 가리지 않고 사다리타기에 몰두하는 이유는 사람들로부터 관심받고 사랑받기 위해서다. 어느 순간부터는 성과에만 몰두해 본질을 잃어버리고 성취욕만 남는 아이러니가 발생한다. 만약 3번이 다시 원점으로 돌아가 진정성을 회복할 수 있다면, 그동안 자신이 속한 분야에서 정상에 오르기 위해 갈고닦아온 능력으로 운명전환 역시 탁월한 효율성을 발휘하며 완주할 수 있다.

그렇게 운명을 전환하겠다고 결심해 천복 찾기에 나서면 3번은 그동안 자신이 경험한 분야가 너무 협소하다는 사실에 당황하는 경우가 많다. 즉 3번은 자신이 속한 분야에서 정상에 서기 위해 일 외의 모든 것들을 희생하다시피 하는 유형이기 때문에 폭넓은 취미생활이나 기타 활동까지도 매우 제한적이다. 자신들의 전문분야에서는 엄청난 집중력을 발휘하지만, 반면 그 외 분야에 대한 다양한 경험은 취약한 약점을 지녔다. 천복을 찾기 위해서는 과감히 가슴이 하는 이야기에 귀 기울여야 한다. 3번은 감성형답게 가슴으로부터 끌리는 일 한두 가지는 마음속에 품고 있다. 다만 일찌감치 성취주의의 길을 걸어오며 한 번도 스스로 기회를 주지 않았을 것이다. 이제라도 성공을 위한 성공이 아니라, 진정 마음으로부터 하고 싶은 천복을 찾으면 운명전환 역시 성취주의자답게 효율적으로 집중해 완주할 수 있다.

다만 입문에 들어서면서 꼭 한 가지 기억할 점은, 일 때문에 사람을 잃지 않도록 운명전환 기간에도 최소한 사랑하는 사람들과 함께하는 시간은 미리 계획하고 길을 떠나자. 수많은 일을 벌이고 가지치기를 하지 못해 문제가 되는 유형이 있는가 하면, 3번은 반대로 원하지 않는 일조차 성과를 내기 위해 일에만 집중하는 유형이다. 그렇기 때문에 만약 자신이 좋아하는 천복을 발견하면 그때는 정말이지 모든 것을 뒤로하고 일에만 빠져든다. 그렇게 일에만 매달리는 삶이 결코 건강하거나 충만하지 못하다는 것은 이제껏 충분히 경험했을 것이다. 천복을 찾아 새로이 운명을 전환하는 이번에는 최소한 사랑하는 사람들과 함께하는 시간만이라도 일정 부분 배분하고 시작하자. 만약 3번이 일과 관계 속에서 균형 잡힌 삶을 살아간다면, 원하는 사람들과 진정 애정을 나누며 사는 삶이 시작될 수 있다.

심연 통과: 관계에서도 진정성을 회복한다

3번은 천복이 아니더라도 실마리 하나만 잡으면 입문은 물론 심연과정까지 절대적으로 몰입해 단숨에 끝낼 수 있는 유형이다. 성취주의자 3번에게 문제는 어떻게 심연 기간을 통과할지가 아니고, 입문 기간 중 진정성 있는 천복을 찾았는지가 훨씬 더 중요하다. 그렇지 않다면 외적 위기를 맞아 또 다른 일을 찾아 필살기를 갈고닦더라도 3번의 아킬레스건인 공허한 성취주의에서는 벗어나지 못한다. 입문 기간을 거치며 단순히 외적 위기를 극복하기 위한 목표가 아니라 진정 운명을 전환할 천복을 찾았다면 이들 특유의 탁월한 집중력을 발휘해 그 어떤 유형들보다 단기간에 심연 기간을 통과할 가능성이 매우 크다.

　다만 3번이 심연 기간에 마주하게 될 가장 큰 문제는 잘 나갈 때의 화려한 자신의 이미지를 내려놓지 못한다는 사실이다. 한 가지 일에 집중하는 성취주의자답게 사람들에게 이리저리 휘둘리는 일은 적지만, 역시나 감성형답게 이미지 연출은 무척이나 신경 쓴다. 그중에서도 성취주의자들답게 예전처럼 능력자로서 성공한 이미지 연출은 심연 기간에 들어서서도 여전히 유지하고자 한다. 이로 인해 사람들과의 관계 또한 '보여주기 식'으로 진정성이 아닌 허영심으로 유지하려 한다. 경우에 따라서는 천복을 발견하고도 원점에서 다시 시작해야 하는 심연 기간을 받아들이지 못해 비록 껍데기뿐일망정 예전의 화려한 삶으로 돌아가려는 허영의 유혹에 굴복하기도 하는 치명적인 아킬레스건을 지녔다. 특히나 지금까지 맺어온 관계들이 진정성이 아닌 보여주기 식의 쇼윈도 관계가 대부분이라면 더욱더 심연 기간을 거치며 모든 관계가 단절될까 두려워 결국 이전으로 돌아가 공허한 성취주의로서 허무한 삶을 이어가기도 한다.

3번이 맹목적인 성취지향적 삶에서 벗어나 진정 가슴이 뛰는 천복을 쫓는 삶을 살고 싶다면 심연 기간을 거치며 자신의 천복을 주변 사람들에게 '커밍아웃'할 수 있어야 한다. 그러면 3번이 아니라 3번의 명성이 좋아 곁에 머물렀던 허영의 관계들은 청산되고 진정한 관계만 남을 것이다. 그리고 이렇게 남은 관계들이야말로 3번이 그토록 꿈꾸던 진심으로 아끼고 사랑하는 감성 충만한 관계를 맺을 수 있는 사람들이니, 3번에게 심연 기간은 일뿐만 아니라 관계에서도 진정성을 회복하는 일생의 황금기 회가 될 수 있다. 자신이 진정 원하는 것을 감추고 계속해서 겉만 화려한 허영의 관계를 이어갈지 혹은 관계에서도 진정성을 회복할지, 3번의 심연 통과 열쇠다.

재탄생: 따로 또 같이 충만한 삶을

3번이 재탄생에 들어서면 다른 감성형과는 사뭇 다른 모습을 보인다. 즉 2번이 사람들이 얼마나 관심을 가져주

느지를 고민하고 4번이 날개를 어떻게 특별한 분위기로 치장할지 등을 고민하는 것과는 달리 성취주의자 3번은 특유의 효율성을 앞세워 새로운 목표를 만든 뒤 그곳에 도달하는 자신만의 차별화된 비행경로를 통해 다시금 독보석인 비행을 하는 유형이다. 특히 이때 3번의 두드러진 장점은 재탄생을 하며 이전 세상에선 경험하지 못한 상황을 만나더라도 카멜레온처럼 변신하는 적응력과 융통성을 발휘해 목표지점에 도착할 수 있다는 점이다.

하지만 3번이 자신들의 아킬레스건인 공허감에 빠져 다시금 깊은 바다로 추락하지 않으려면 때로는 군무를 추는 것이 훨씬 더 아름답다는 사실을 깨달을 필요가 있다. 대개 3번은 성취주의자들답게 경쟁에 능하고 자신들보다 능력이 떨어지는 사람들과의 협업은 효율성을 저하한다고 생각하는 경향이 있다. 그러나 한편 감성형인 그들의 마음 깊은 곳에서는 결국 사람들과 함께하며 결과물을 만들어내고 싶은 마음이 누구보다 강한 만큼, 운명전환 마지막 단계인 재탄생에선 홀로 성과를 내는 것이 아니라 진정성을 나누는 이들과 함께 성장을 이뤄보자. 그럼 3번의 장점이자 성취의 필수요소인 집중력과 효율성이 나를 넘어 우리의 세계로 확장되며 개인주의 3번이 함께하는 3번으로 성장해 나아갈 수 있다.

성공적인 운명전환을 위한 처방전

기억 속에 숨겨진 천복

3번은 외적 위기를 맞아 운명전환을 시도할 때도 천복이 아니라 가장 빨리 성과물을 낼 수 있는 수 있는 일을 찾을 가능성이 높은 유형이다. 그러나 지금 자초한 위기가 그와 같은 이유에서 시작된 일이었을 터, 이제라도 가슴에서 끌리는 일을 찾아 삶의 진정성을 찾는 운명전환을 이루어보자. 그러기 위해서는 지금까지 마음속 깊이에만 묻어둔 '비밀의 정원'의 문을 열 때가 되었다. 3번은 감성형으로서 사실 누구보다 감성에 민감하기에 오히려 감정 느끼기를 두려워하는 유형이다. 대신 3번은 자신의 꿈이나 행복했던 순간들을 영화 속 추억의 장면처럼 '느낌'으로 간직하는 경우가 많다. 어느 하루를 선택해 모든 외부와의 접촉을 차단하고 다소 멜랑콜리한 음악을 들으며 행복했던 기억이나 어린 시절을 떠올려보자. 걷잡을 수 없는 슬픔이 몰려와 순간 당황스러울 수도 있지만, 슬픔 뒤엔 아마 자신이 오래전에 원했지만 현실에서의 성공 여부 때문에 마음속에 묻어만 두었던 진정 원하는 혹은 원했던 일이 떠오를 것이다.

3번은 이처럼 행복한 기억 속에 자신의 천복을 비밀의 정원처럼 숨겨둔다. 현실에서 성공을 이루기 위해 자신의 감정까지 억누르고 성취지향적인 삶만 추구했기에 맨 처음 천복에 다가갈 때는 내적 공허로 인해 예상하지 못한 슬픔이 올라올 수 있다. 하지만 그 슬픔에 잠시 나를 내맡기면, 한 꺼풀 아래 숨어 있던 비밀의 정원이 문을 열어줄 것이니 용기를 내어 다가가자. 비밀의 정원을 열 수 있는 열쇠는 내게 있으니 말이다.

쇼윈도 관계 재정립

이렇게 가슴으로부터 진정성을 찾아 나만의 천복을 찾았다면, 이제 거기서부터 새로운 필살기를 쌓아나가자. 이때 지금까지 결과물을 내기 위해 최적화된 삶을 살아온 3번인 만큼 사실 필살기 자체를 쌓는 것에는 그다지 큰 문제가 없을 수도 있다. 다만 그보다는 지금까지 보여주기 식의 화려한 이미지를 어떻게 벗어낼지가 3번의 치명적인 아킬레스건이다. 무엇보다 먼저 주변 사람들에게 천복에 대해 '커밍아웃'을 하자. 아마 늘 성취를 지향하던 3번에게는 화려한 정상에서 내려와 무언가를 처음부터 다시 시작한다는 사실을 주변 사람들에게 알리는 일은 참으로 난감할 수 있다. 그리고 무엇보다 이런 커밍아웃을 하면 그동안 3번이 아닌 3번의 명성에만 관심이 있어 관계를 맺었던 쇼윈도 관계는 하나둘 멀어져 갈 것이다.

그러나 허영의 관계야말로 지금껏 겉은 화려하지만 속은 뻥 뚫린 공허함에 시달린 가장 큰 이유인 만큼, 쇼윈도 관계가 정리될 때마다 그들과의 관계를 끝내는 편지를 써보자(꼭 그들에게 보낼 필요는 없이, 나 혼자만의 정리로도 충분하다). 반면 지금까지는 얼핏 화려하지 않아 다소 멀리했던 사람들이라도 마음을 열고 이야기를 나눌 수 있고, 진심으로 서로를 받아줄 수 있는 이들과 서서히 만남을 시도해보자. 그렇게 마음을 나눌 수 있는 이들과의 만남 뒤에 내 느낌이 어떤지를 차분한 음악과 함께 일기처럼 써보자. 이런 과정을 통해 감성형이지만 감정을 잊고 살았던 3번은 충만한 감성과 진실한 관계 모두를 서서히 회복해갈 수 있게 된다. 심연 기간에 이런 과정이 반복되면, 내가 새롭게 꾸미기 시작한 나만의 '비밀의 정원'에 초대할 수 있는 진정성 있는 관계망이 서서히 만들어진다. 3번 인생에서 가장 치명적인 아킬레스건이 치유되기 시작하는 순간이다.

성취를 지향하는 3번은 대개 팀플레이보다 개인플레이를 선호한다(자신보다 능력이 떨어진다고 여겨지는 이들과 하향평준화가 되는 걸 꺼리기 때문이다). 화려한 개인기는 지녔으되, 사람들과의 협업을 꺼려 진짜 큰일은 이루지 못할 수도 있는 것이 3번인 만큼, 재탄생에서는 아름다운 군무를 추며 탁월한 능력을 건강한 사회적 영향력으로 승화시켜보자.

먼저 천복과 관련해서 심연 기간을 거치며 마음을 나누고 함께 모은 이들과 이해관계나 최종 성과물에 상관없이 전적으로 과정을 즐기며 진행할 수 있는 협업 모임을 하나 만들어보자. 절대 최종 목표나 결과물을 정하지 말고, 어떤 마음으로 무엇을 하고 싶은지, 그로 인해 각 참여자는 어떤 성장을 하고 싶은지 등만 정해보자. 나 홀로 성과를 위해 달려갈 때보다는 어떤 면에서 함께 성장하는 과정이 참으로 더디고 느리게 진행될 수 있지만, 나의 성취욕을 내려놓고 오직 우리의 성장을 위해 3번의 능력을 쏟아보자(감성형 성취주의자인 3번이 개인주의를 내려놓고 함께 성장을 도모하면, 참여자 각자의 장점을 살린 성장을 끌어내는 데 누구보다 적합한 동기부여를 할 수 있다). 처음에는 타인의 진행속도에 답답한 마음만 들던 것이 시간이 흐름에 따라 점차 나와 다른 이들과 함께하는

것으로부터 배움이 시작되며 오히려 3번 혼자 결과물을
위해 달려가던 때는 상상하지 못했던 다양한 아웃풋들이
그 모습을 드러내기 시작할 것이다. 바로 감성형 3번이
간절히 원했던 사람들과 충만한 관계 속에서 결과물을
만들어가는 삶이다. 함께 성장하는 삶이야말로 3번의 진
정한 재탄생이 될 수 있다.

내 안에 숨겨진 진정한 '나' 찾기

이제는 고인이 되었으나 내게는 인생전환기의 스승이었던 구본형 선생은 좋은 책들을 단단히 읽고, 공부한 지식을 내 삶에 적용해보는 경험을 바탕으로 한 권의 책을 써야 한다는 말씀을 하곤 했다. 그 길만이 독자들에게 필요한 살아 있는 책을 쓸 수 있는 길이라면서. 그래서인지 늘 에필로그를 쓸 때면, 이 한 권의 책을 쓰기까지 지나간 시간을 되돌아보게 된다. 공부는 충분했는지 그리고 그 공부가 단순히 지식으로만 머물지 않고 삶과 맞닿아 실제로 내 일상이 달라진 점이 있는지 등을 점검하는 마지막 통과의례라고나 할까.

변화경영연구소 연구원이 된 후 내가 좋아하는 일을 하면서 사는 듯이 살아보겠다고 다짐하며 용감하게 프리랜

서로 전향하였다. 하지만 프리랜서의 길이 멀리서 바라보는 것처럼 마냥 멋들어진 자유직이 아니라는 걸 깨닫는 데는 그리 오랜 시간이 걸리지 않았다. 무엇보다 먼저 자유인이 되려면 나를 알아야 하고, 내가 좋아하는 일을 찾아야 한다. 그러한 일은 고대의 유물을 찾는 것만큼이나 생소하고 어려웠다. 도대체 어디에서 진짜 나를 찾을 수 있는지 난감하고 막막했다. 그런 만큼 일단은 스승이 일러준 신화의 아버지, 캠벨에서부터 시작하였다. 차차 공부는 나만의 흐름을 만들며 프로이트와 아들러를 거쳐 융에 도달해 한참을 그에게 머물다 현대 심리학으로 넘어왔다. 이후 인본주의 심리학의 칼 로저스, 몰입의 칙센트 미하이 그리고 감성 리더십을 강요하는 다니엘 골먼까지 흘러왔다. 그렇게 지식으로 무장한 뒤, 현실에서 진짜 나를 찾기 위해 에니어그램 과정을 선택하였다. 하지만 국내에서 지도자과정까지 마친 뒤에도 내가 어떤 유형인지는 알게 되었으나 왜 그런 유형이 되었는지, 어떻게 해야 내 안의 틀을 깨고 더 성장해갈 수 있는지는 여전히 안개처럼 모호했다. 이전보다 목마름이 더해지는 시기였다.

그때 현대 에니어그램 창시자인 나란조 박사가 유럽에 생존해 있는 것을 알게 되었고 내 마음은 벌써 유럽을 향해 달려가고 있었다. 그래서였을까? 마치 이래도 갈 거냐는 듯 발목을 다치고 수술을 하게 되어, 때로는 목발을 짚고 때로는 보조기를 착용한 채 유럽을 오가며 더 깊은 이론을 만나고, 더 강하게 내게 적용하며 테라피스트 훈련을 받게 되었다. 그 과정에서 한국 지도자과정에서는 경험하지 못한 내 안 깊숙이 똬리를 틀고 있는 에고의 틀을 만나게 되었고, 일생 그 어느 때보다 아픔을 겪으며 틀을 깨고 내면의 깊은 자아를 만나게 되었다. 그것은 이전의 그 어떤 내적 작업보다 힘들었지만, 작업 이후 평생을 옥죄는 듯한 올가미에서 풀려난 자유를 경험했다. 그 바람결이 너무 편하고 부드러워 지난 몇 년 강의와 워크숍을 통해 그동안 배우고 경험한 것을 인연 닿는 분들과 있는 힘껏 나누고자 했다. 한마디로 지난 몇 년은 참으로 지난했지만, 그렇게 내 안에 쌓인 지식이 농도 진한 경험과 만나 나 하나의 일상을 넘어 우리들의 삶으로 스며들며 비로소 책 한 권 분량의 글들이 쌓이게 됐다.

이렇듯 탈고를 하고 고개를 들어 세상을 쳐다보니, 처음 원고를 쓰기 시작할 때와는 또 엄청나게 다른 일들이 숨 가쁘게 돌아가고 있다. 어쩌면 우리 사회 근간에 이미 여러 징후로 나타나던 일들이 하나로 모여 거대한 폭발을 만들어낸 것처럼 사회 전반에 위기가 몰려오고 있다. 그중 한 가지 빼놓을 수 없는 것이 바로 천편일률적인 수직성장에서 개인의 다양성을 바탕으로 한 입체적 성장의 시대로 변화하는 터닝포인트다. 아직은 새로운 패러다임이 이제 막 시작해 선명히 보이지 않지만, 중산층의 붕괴를 예고하는 저성장 시대에서 살아남을 길은 지금까지와는 달리 개인화에 성공하는 길뿐이다. 아이러니하게도 진짜 내가 되는 것만이 사회적 위기 속에서 살아남는 유일한 기회인 셈이다. 그러니 아직도 무너져가는 사다리 끝에 매달리기 위해 시시포스(그리스 신화에 나오는 코린트의 왕. 제우스를 속인 죄로 지옥에 떨어져 바위를 산 위로 밀어 올리는 벌을 받았다)처럼 숙명의 굴레에 얽매이지 말고, 이제부터라도 내가 누구인지, 내 운명을 전환하는 데 아킬레스건이 무엇인지 그리하여 내 삶이 전환하는 데 가장 강력한 필살기가 무엇인지부터 알아보면 좋겠다. 내 인생의 주인공은 나다. 하지만 지금까진 그렇게 살고 싶어도 살 수 없는 시대였다면, 지금부턴 그렇게 살지 않으면 안 되는 시대다. 이 한 권의 책이 오랜 기간 잠들어 있던 진짜 나를 깨우는 작은 촛불이 되기를 소망한다.

끝으로 늘 바쁘다 종종거리며 살아가는 나의 가장 큰

조력자이자 든든한 울타리인 엄마와 바다 건너에 살면서도 첫 독자가 되어 원고가 완성될 때까지 수없이 수정본을 읽어준 동생에게 이 자리를 빌려 고마움을 전하고 싶다. 가족이란 세상에서 가장 가까운 이들이기에 오히려 고맙다는 말을 너무 쉽게 생략하고 사는 것 같다. 더불어 유일한 이방인이었던 내가 아무런 거리낌 없이 내면 깊이 들어갈 수 있도록 누구보다 따뜻하게 품어준 유럽 친구들과 책 속의 글들이 나를 떠나 우리의 이야기가 될 수 있도록 내면 깊이 진짜 나를 찾는 여정을 함께해준 유로에니어그램연구소 연구원들에게도 감사함을 전한다. 유럽의 친구들은 언어를 초월하여, 연구원들은 사회적 경계를 뛰어넘어, 내면작업을 함께한다는 것이 얼마나 서로에

운을 경영하라

게 근원적으로 다가갈 수 있는지를 배울 수 있는 참으로 소중한 경험이었다. 그러나 머리를 맞대고 수정방향을 함께 고민한 남 편집장님과 하루라도 빨리 독자들과 만날 수 있도록 열정을 쏟아주신 김 팀장님이 아니었다면, 이 책은 여전히 내 파일 한구석에 원고로만 자리할 뻔했다. 한 묶음의 원고가 한 권의 책으로 나오기까지는 또 많은 분의 수고와 애씀이 더해져야 비로소 가능한 일이니 말이다. 이렇듯 삶은 내가 주체가 되어 홀로서기를 하되, 홀로선 이들이 만나 따로 또 같이 서로를 의지하며 함께 살아가는 것. 책을 쓰면서 늘 배우게 되는 인생철학이다. 그리하여 인생은 결국 감사함이라는 사실을 이 책을 마무리하며 다시 한번 깨닫는다. 감.사.합.니.다.

9가지 성격별 운명전환 성공법

운을 경영하라

초판 1쇄 인쇄 2017년 2월 20일
초판 1쇄 발행 2017년 2월 28일

지은이 수희향 | **펴낸이** 신경렬 | **펴낸곳** (주)더난콘텐츠그룹

기획편집부 김지환 · 허승 · 이성빈 · 이유나 · 이원희
디자인 박현정 | **마케팅** 김민수 · 장현기 | **관리** 김태희 | **제작** 유수경
책임편집 김지환

출판등록 2011년 6월 2일 제2011-000158호
주소 04043 서울특별시 마포구 양화로 12길 16, 더난빌딩 7층
전화 (02)325-2525 | **팩스** (02)325-9007
이메일 book@thenanbiz.com | **홈페이지** http://www.thenanbiz.com
ISBN 978-89-8405-879-8 03320